COMMENT ALLUMER UN FEU AVEC UNE PIERRE À FEU

58, rue Jean Bleuzen, 92178 Vanves Cedex

JOËL BARRAL

• COMMENT ALLUMER UN FEU • AVEC UNE PIERRE À FEU

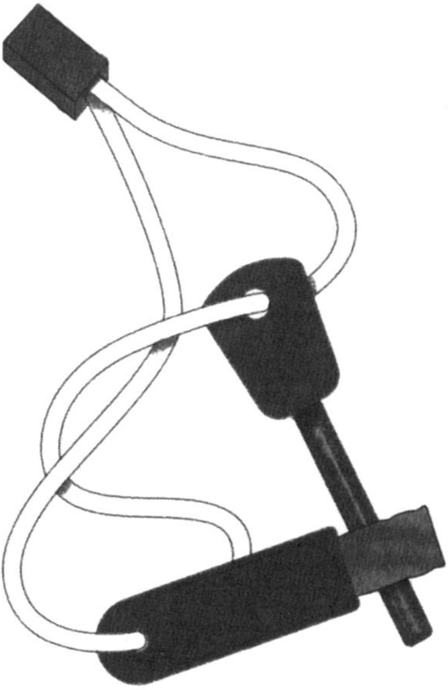

marabout

SOMMAIRE

1

OUVRIR LE FEU
LE DÉBUT D'UNE QUÊTE...

Février 2009. Je traverse les Vosges, avec une amie, par le chemin des crêtes de Scherwiller à Thann (GR5), soit 9 jours de randonnée en raquettes en plein hiver, entre 700 et 1 400 m d'altitude, par une température de -5 à -15 °C. Prudent, j'ai emporté avec moi, par précaution, une petite boîte d'allumettes et du papier, au cas où nous devrions allumer un feu.

Au bout de 3 jours, je constate que les allumettes sont écrasées. Elles s'effritent et sont inutilisables. Le papier est trop humide. Je ne peux plus allumer de feu !

Si l'un de nous se blesse (entorse, chute...), si nous devons faire face à une tempête de neige ou si nous sommes trop en retard, nous ne pourrons pas atteindre le gîte avant la tombée de la nuit et il nous faudra passer plusieurs heures dehors, peut-être une nuit en pleine montagne, dans le froid, sans feu pour nous réchauffer avec un risque d'hypothermie* grandissant d'heure en heure. L'angoisse me saisit...

Depuis ce jour, je me suis promis d'acquérir le maximum d'autonomie dans l'art d'allumer un feu en pleine nature, sans papier, ni allumette, ni briquet, mais en me débrouillant autant que possible grâce à ce que je pouvais trouver autour de moi. C'était le début de ma quête.

**Les astériques signalent les termes expliqués dans le glossaire.*

Vosges – Le chemin des crêtes (GR5)

> *« Courir le monde de toutes les façons possibles, ce n'est pas seulement la découverte des autres, mais c'est d'abord l'exploration de soi-même, l'excitation de se voir agir et réagir. Les "transats" en solitaire, les escalades à mains nues, les traversées du désert, les raids un peu fous sur les calottes glaciaires… tout cela est le signe que l'homme moderne a pris conscience du gâchis qu'il y aurait à rendre passive une vie déjà bien courte. Tant mieux. »*
> Xavier Maniguet, *Survivre*, Albin Michel, Paris, 2002.

Je me suis alors engagé dans un passionnant processus d'apprentissage, en commençant par allumer des feux avec une petite quantité de papier et d'allumettes, puis en complexifiant peu à peu la démarche. J'ai tout d'abord supprimé le papier. Mais comment se passer des allumettes ? Un proche me donna la solution : il existait dans le commerce des pierres à feu simples, solides, ne craignant ni l'eau, ni les chocs et capables de produire des étincelles de 3 000 °C. Le rapprochement avec les techniques primitives de nos lointains ancêtres fut immédiat. Ma recherche s'est mise à ressembler à un fascinant et exaltant voyage dans le temps.

Mais produire des étincelles était loin de suffire, il me fallait les transformer en flammes. Mes essais successifs avec du papier furent tous des échecs, sauf avec le plus fin et le plus léger d'entre eux. Le découragement me gagna, mais je ne renonçai pas. Mes ancêtres avaient su le faire, c'était donc possible.

Les récits de voyage, la littérature spécialisée, mes stages à l'EVSF*, mes rencontres avec d'autres passionnés de randonnée sauvage, mes discussions avec les archéologues du musée archéologique de Nemours m'ont fait découvrir « les initiateurs* », ces végétaux si particuliers, capables de s'embraser ou de s'enflammer au contact d'une étincelle ; puis la pierre à feu de l'âge du fer encore en usage au Mali et dont un exemplaire m'a été rapporté ; et enfin la pyrite, cette pierre magique découverte par nos ancêtres, que je partis chercher dans le Pas-de-Calais, au pied du cap Blanc-Nez.

Dès mes premiers succès, j'emportai ma pierre à feu en randonnée et l'utilisai systématiquement pour allumer mon feu en pleine nature, le soir, au bivouac*. Depuis, je n'ai plus jamais utilisé ni allumette, ni briquet, ni papier.

Et remettant mes pas dans ceux de mes prédécesseurs et en pratiquant assidûment la randonnée sauvage, j'ai compris progressivement qu'au-delà des techniques nécessaires j'étais en fait venu chercher dans cette aventure une formidable leçon d'humanité.

> *« La terre nous en apprend plus long sur nous que tous les livres. Parce qu'elle nous résiste. L'homme se découvre quand il se mesure à l'obstacle. »*
>
> Antoine de Saint-Exupéry, *Terre des Hommes*, Gallimard, Folio, Paris, 2012.

LA RÈGLE DU JEU

Pour partir en randonnée sauvage, il y a une **« règle du jeu »** à respecter : il faut acquérir les connaissances et le savoir-faire nécessaires à une vie autonome en pleine nature en sécurité et avec un confort maximal.

Le but de ce livre est de vous accompagner dans l'acquisition des connaissances et du savoir-faire indispensables pour allumer un feu avec une pierre à feu en étant le plus autonome possible, même sur la neige ou un sol trempé après l'orage, en ne disposant d'aucun des outils de l'homme contemporain (ni allumette, ni briquet, ni papier…), mais seulement des ressources à votre disposition dans la nature et d'une pierre à feu. Ce livre sera aussi l'occasion de faire connaissance avec Homo Erectus, notre précurseur en la matière.

火

HUŎ!

Pictogramme représentant le feu dans le vocabulaire chinois. On y voit, clairement symbolisées, des branches en tipi surmontées de flammes.

2

PREMIÈRE PARTIE

FAIRE LONG FEU
HISTOIRE DE LA PIERRE À FEU

DÉFINIR SES BESOINS

Durant l'automne 2011, je préparais pour mi-novembre une petite randonnée sauvage dans la forêt des loups du mont Tremblant, au Canada. Je me mis au préalable en quête d'une solution pour nous garantir la possibilité d'allumer un feu, quelles que soient les conditions climatiques. Je dressai la liste des contraintes que cela supposait. Il me fallait un outil :

- ne craignant pas l'humidité,
- qui ne tombe pas en panne faute de carburant,
- simple d'emploi (c'est-à-dire que je puisse manipuler avec succès même avec les doigts gourds ou équipés de gants),
- léger et peu volumineux,
- résistant aux chocs et à l'écrasement,
- qui fonctionne encore même après l'avoir noyé sous les intempéries ou laissé tomber dans l'eau,
- et dont la durée de vie soit compatible avec des randonnées longues et lointaines.

Bref, un outil avec lequel je sois sûr de mon coup.

Avec ce « modeste » cahier des charges, je me rendis chez un célèbre vendeur de matériel de randonnée parisien et lui demandai ce qu'il avait à me proposer…

Il me montra un briquet à gaz (butane) ou à essence, mais en dessous de 0 °C le butane liquide ne se vaporise plus ; imbibée d'humidité ou trempée, la mèche du briquet à essence ne s'allume plus ; l'air salin oxyde rapidement le système d'allumage qui ne produit plus d'étincelles ; écrasé, le briquet ne fonctionne plus, brisé encore moins et, une fois vide, je serais définitivement en panne. De plus, les briquets sont généralement interdits en avion, que ce soit en cabine ou en soute. Je n'étais pas enthousiaste. Puis nous passâmes aux allumettes étanches : pas mal, mais il s'agit d'un matériel qui craint l'écrasement, qui est limité en quantité, difficile à manipuler par grand froid et dont l'étanchéité s'estompe peu à peu. Je ne fus pas convaincu non plus. Peut-être en solution de secours, à condition de les transporter en boîtier étanche.

Face à moi, le vendeur se décomposait petit à petit… Et moi, je commençai à penser que j'allais repartir bredouille. Alors je mentionnai un outil faisant des étincelles, dont un proche m'avait parlé. Mal à l'aise, le vendeur me répondit qu'il avait bien cela en magasin, mais il ne bougea pas.

J'insistai pour qu'il me le montrât et le priai de m'expliquer comment cela marchait. Baissant la voix, il me dit vaguement qu'il fallait frotter la pierre à feu avec le petit grattoir fourni, mais qu'il était très difficile d'allumer un feu avec, et que lui-même n'avait jamais réussi. Un peu comme on présente un objet posé là pour le folklore et qui ne sert jamais… C'était honnête de sa part. Et cette honnêteté se révéla payante, car, malgré ses réticences, je lui dis : « Je prends ça ! »

Je me mis alors à apprendre à faire du feu en produisant des étincelles. Mais le symbole était trop puissant, je sentis que ma quête ne s'arrêterait pas là. Il me fallait aller à la rencontre de mon ancêtre : aux sources de l'humanité, là où tout avait commencé.

LES MAÎTRES DU FEU : HOMO ERECTUS

Dès les premières étincelles produites, l'homme préhistorique s'est imposé à moi. Il m'est apparu progressivement – au début, de manière assez floue et sous l'apparence d'un lointain ancêtre très primitif.

Mais, me heurtant aux difficultés de cet apprentissage, perdant souvent courage, puis reprenant la tâche, apprenant et comprenant peu à peu la masse de savoir-faire, de connaissances, d'ingéniosité qu'il lui avait fallu pour domestiquer le feu et le créer, je me suis rapproché pas à pas de cette présence amicale, qui m'accompagne depuis dans toutes mes randonnées sauvages. Présence qui s'est affinée et précisée, pour enfin m'apparaître comme celle d'un homme intelligent, dont le génie créateur a engendré une invention qui a révolutionné l'humanité, s'est déployée sur la Terre entière et dont l'usage a perduré durant 400 000 ans, jusqu'à l'invention de l'allumette en 1809 ! Il y a de quoi être stupéfait et admiratif…

Grâce au feu, l'homme a progressivement amélioré :

- Son alimentation : la cuisson permet de conserver des aliments (viande, poisson…) et de les purifier en tuant les germes qu'ils contiennent, d'en accroître la quantité en en rendant comestibles certains (riz, blé…) qui ne le sont pas crus, d'en faciliter la digestion (surtout des végétaux) et la mastication…
- Le développement et le fonctionnement de son cerveau : en consommant moins de calories pour maintenir sa température corporelle et en augmentant son bilan énergétique, le cerveau d'Homo Erectus dispose de plus d'énergie. Car, si notre cerveau ne représente que 2 % de notre masse corporelle, il consomme 20 % de l'énergie apportée par l'alimentation !
- Sa santé : grâce notamment aux procédés de décoction et d'infusion des plantes médicinales.
- Son confort : par le chauffage et la lumière.
- Sa vie sociale, son langage et sa productivité : en réduisant le temps consacré à l'alimentation et en augmentant la durée de ses journées, grâce à la lumière du feu.
- Son efficacité : en augmentant la durée du jour, en durcissant ses outils en bois…
- Son espace vital : en conquérant de nouveaux territoires, notamment dans les zones froides.
- Sa sécurité : en éloignant les animaux sauvages, en pénétrant dans les grottes…

Plus récemment, et toujours grâce au feu :

- L'homme a inventé la métallurgie du cuivre (3 000 ans avant J.-C.), puis celle du bronze (2 000 ans avant J.-C.), celle du fer (1 000 avant J.-C.)…

• Puis toutes les industries (chimie…) qui suivront.
Regardons autour de nous : que resterait-il si nous supprimions tous les objets qui nécessitent directement ou non l'usage du feu ? Presque rien ! Quelle autre invention peut en dire autant ?

Le Paléolithique (âge de la pierre taillée) est la première et la plus longue période de la préhistoire. Il commence avec l'apparition des premiers hominidés du genre homo, il y a environ 2,5 millions d'années avant J.-C. et s'achève il y a seulement 10 000 ans avant J.-C. avec la fin de la dernière glaciation.

L'Homo Erectus (homme debout) a vécu au Paléolithique de 1 500 000 ans avant J.-C. à 300 000 ans avant J.-C. C'est lui qui domestiqua le feu à partir de 400 000 ans avant J.-C. et

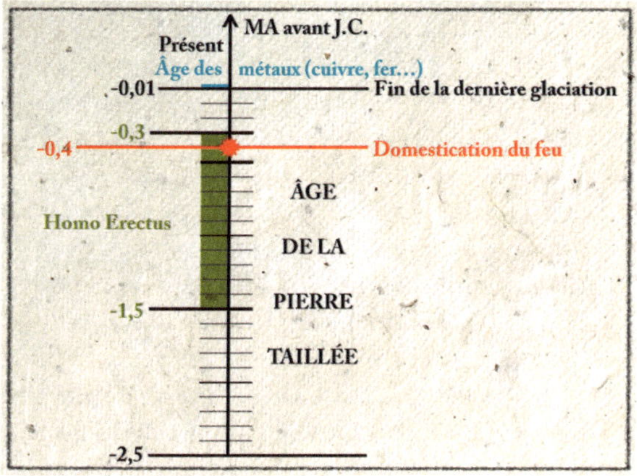

Homo erectus

passa ainsi, selon Claude Lévi-Strauss, de l'existence animale à l'existence humaine. Semi-nomade*, il était un marcheur/coureur bipède, longiligne mais robuste, mesurant environ 1,60 m pour 60 kg. Il occupait les entrées de grotte ou construisait des abris. Il était opportuniste* : il tirait partie des ressources disponibles dans la nature et vivait de la cueillette, de la chasse et de la pêche. Le chien, utilisé pour la chasse, était alors l'unique espèce domestiquée. Homo Erectus ne connaissait ni l'agriculture, ni l'élevage. Les outils de son époque qui nous sont parvenus sont en très grande majorité des outils de pierre taillée.

LES SECRETS DE MENEZ-DREGAN

Ce site préhistorique, qui se trouve sur la commune de Plouhinec, dans le Finistère, a été découvert en 1985 et est fouillé depuis 1991. Il a révélé des formes d'habitat du Paléolithique datant de 350 000 à 465 000 ans avant J.-C. et des indices de feux entretenus qui comptent parmi les plus anciens connus dans le monde. Le site a également livré une structure constituée de huit pierres disposées en cercle, associée à une concentration de charbon de bois et à quelques silex rougis par l'action du feu. Ainsi qu'une autre structure composée de six galets de quartz disposés en arc de cercle entourant une concentration charbonneuse. Des mesures en laboratoire ont montré qu'il s'agit d'un foyer dans lequel le feu a été entretenu et localisé. Les sédiments chauffés de ce foyer ont été datés aux alentours de 465 000 ans avant J.-C.

LA PYRITE OU PIERRE À FEU DU PALÉOLITHIQUE

Le décor est donc planté : le feu, découvert par Homo Erectus, est apparu il y a environ 400 000 ans. À nous maintenant, à l'image de l'humanité, de parcourir le temps écoulé depuis cette date et de retrouver progressivement les différentes découvertes et inventions de l'homme en lien avec la pierre à feu.

La pierre à feu du Paléolithique est un minéral doré, la pyrite (du grec *puros, pûr* = feu, *puritês lithos* = pierre à feu), que l'on rencontre dans les sédiments marins, les roches volcaniques, les sols argileux. À l'image d'une boule de sable mouillé, la pyrite est un agrégat*. Composée de soufre et de fer (sulfure de fer, FeS_2), elle peut se concentrer à l'état naturel sous forme de nodules allongés ou sphériques de couleur rouille, dont la taille varie approximativement de celle d'une petite bille à celle d'une grosse boule de pétanque. Lorsqu'on brise un de ces nodules, son cœur apparaît sous la forme de magnifiques rayons brillants et dorés. Le plus étonnant, c'est le poids de ce minéral : à volume égal, lorsque je tins pour la première fois une pyrite en main, j'eus l'impression de porter une boule de pétanque ! Mieux vaut ne pas en prendre une trop grosse si on veut l'emporter dans son sac à dos... Depuis, avec un peu de pratique, je me suis rendu compte qu'un nodule de la taille d'une mandarine suffisait.

À l'identique du fer, la pyrite rouille et se décompose rapidement sous l'action de l'oxygène de l'air et de l'humidité, en particulier en milieu salin, ce qui fait que les archéologues

La pierre à feu du Paléolithique

n'en retrouvent des traces que rarement et seulement sur des sites très récents. La grotte de Vogelheard (30 000 ans avant J.-C., en Allemagne) est le site le plus ancien sur lequel ont été retrouvées des traces de pyrite.

La pyrite est encore appelée « or des fous », car son aspect jaune doré évoque celui des pépites d'or et peut induire en erreur un orpailleur amateur.

Vous pouvez trouver de la pyrite chez les vendeurs de minéraux, mais précisez bien que votre objectif est de faire du feu avec. Sinon, il vous sera vendu de très beaux cristaux avec lesquels je n'ai, pour ma part, jamais réussi à allumer de feu ! Pour le plaisir de l'aventure, je vous engage plutôt à mettre vos pas dans ceux de nos ancêtres et à trouver votre pierre à feu vous-même dans la nature.

> « *Ce n'est qu'arrivant à un certain degré de cognition, vers 400 000 ans, que l'homme a été capable de maîtriser le feu, c'est-à-dire savoir l'allumer et l'entretenir.* »
> Henry de Lumley, directeur de l'Institut de Paléontologie de Paris, in *Produire le feu de la Préhistoire à nos jours*, ouvrage collectif, Mémoires millénaires, Nice, 2011.

Quand j'ai commencé à me mettre en quête de pyrite, je n'avais qu'une idée très vague de ce que je cherchais (nodules fibro-radiés) et de la zone à explorer (Champagne, Normandie). Ma première tentative en Champagne, en octobre 2011, fut un échec complet. Je compris que je devais approfondir ma recherche.

En juin 2012, je trouvai un texte signalant la présence en grande quantité de nodules de pyrite sur la plage du cap Blanc-Nez, en partant vers l'est à partir du Cran d'Escalles. Je tentai ma chance un week-end avec mon frère. À peine arrivés, au coucher du soleil, nous longeâmes la falaise vers l'est : rien. Le lendemain matin, toujours vers l'est mais au bord de l'eau à marée basse, nous trouvâmes nos premiers cristaux, mais aucun nodule. Je commençai à croire que nous allions à nouveau rentrer bredouilles. Oubliant le déjeuner et écoutant les dires d'un passionné croisé sur la plage, nous partîmes vers l'ouest et tombâmes sur un tout petit nodule de 0,5 cm de diamètre. Puis, toujours vers l'ouest mais au pied de la falaise, à nouveau des nodules, plus gros, jusqu'à trouver en début de soirée un filon dont je relevai aussitôt les coordonnées pour être sûr de le retrouver. Pour fêter notre succès, nous fîmes un excellent dîner au restaurant d'Escalles. Nous rapportâmes 4 kg de nodules de pyrite !

Coordonnées du filon de nodules de pyrite : les Quénocs au 349°, le cap Blanc-Nez au 51°, chercher au pied du Petit Blanc-Nez. Notez que les détecteurs de métaux sont malheureusement inopérants.

Par la suite, je me demandai pourquoi nous avions trouvé des cristaux au bord de l'eau, à l'est, et des nodules au pied de la falaise, à l'ouest. C'est la carte géologique du BRGM* qui me donna les éléments de réponse.

Nodule de pyrite pris dans le calcaire

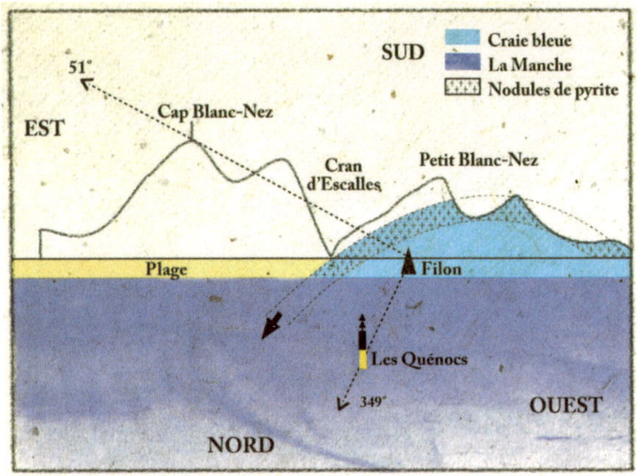

Le filon de pyrites

La partie basse de la falaise du Petit Blanc-Nez est constituée d'une couche de craie bleutée (Cénomanien Inférieur, 100 millions d'années avant J.-C.). C'est la présence de pyrite qui donne sa couleur bleutée à la craie. Cette craie bleue contient de nombreux agrégats radiés de pyrite de plusieurs centimètres de diamètre, particulièrement abondants dans la partie haute d'environ 14 m d'épaisseur. Ces nodules sont souvent nommés « nodules de marcassite » par erreur. La craie étant une roche fragile (car tendre, aquifère* et gélive*), les tempêtes, le gel et les grandes marées déclenchent des effondrements de la falaise. La craie éboulée se désagrège rapidement, puis est emportée par la mer. Les nodules de pyrite, très lourds, restent et s'accumulent au pied de la falaise.

Cette couche de craie bleutée monte des profondeurs sous la Manche, affleure en surface à partir du Cran d'Escalles pour créer le Petit Blanc-Nez, puis s'enfonce à nouveau dans les profondeurs à l'ouest. Je tenais là mon explication : il ne pouvait pas y avoir de nodule à l'est du Cran d'Escalles, au pied du cap Blanc-Nez, mais seulement à l'ouest au pied du Petit Blanc-Nez.

J'en retins, pour mes futures recherches, que les falaises de craie en bord de mer sont des gisements probables de nodules de pyrite et que la lecture des cartes IGN* ainsi que des cartes géologiques du BRGM et de leur notice est indispensable à une recherche rapide et efficace.

MODE D'EMPLOI

Maintenant que nous avons trouvé notre pyrite, voyons comment en tirer des étincelles !

Prenez un appui ferme afin de ne pas bouger pendant la production d'étincelles. Supprimez d'abord la pellicule oxydée superficielle, puis frappez à répétition, de haut en bas et à 45° environ, la partie basse de la pierre à feu avec un percuteur plus dur que la pyrite. Un silex fera l'affaire. Lorsque vous choisirez votre percuteur, pensez à un petit marteau et non à une lame tranchante. Après avoir supprimé la pellicule de rouille en surface, des particules de sulfure de fer seront arrachées et s'enflammeront spontanément au contact de l'oxygène de l'air. Entraînez-vous dans l'obscurité pour bien voir les étincelles jaillir.

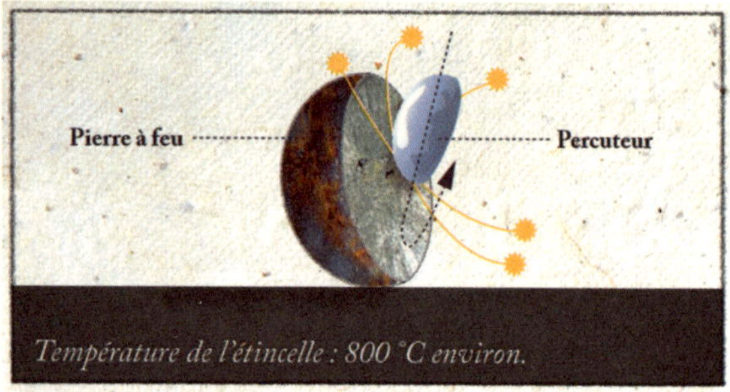

Produire une étincelle avec la pierre à feu du Paléolithique

La pyrite, qui est un agrégat, est fragile par constitution. Aussi, il n'est pas étonnant de constater qu'il n'est pas nécessaire d'avoir un percuteur particulièrement affûté, ni de frapper fort pour en arracher des particules, ce qui rend la production d'étincelles très facile. Par ailleurs, un choc un peu trop fort risque de briser le nodule. De plus, le soufre contenu dans la pyrite augmente la durée de vie des étincelles – paramètre essentiel pour embraser un végétal.

> *« Ces Indiens font du feu en battant un morceau de pyrite blanche ou jaune contre un morceau de silex ; et, au lieu d'amadou, ils se servent de bois pourri. Chacun d'eux a un petit sachet où il tient ces choses-là, de sorte qu'ils ne sont jamais embarrassés pour allumer du feu. »*
> Alexander Mackenzie, *Exploration du Grand Nord canadien*, La Lanterne magique, Besançon, 2009 (à propos d'un groupe d'une trentaine d'Indiens Dene rencontrés en juillet 1789).

La découverte des propriétés de la pyrite est la première des deux découvertes qui furent nécessaires à Homo Erectus pour parvenir à émettre du feu par percussion – la seconde découverte étant celle de l'amadou (voir page 57). Quand je compris que cette pierre friable ne peut être taillée, qu'elle est difficile à trouver et que les étincelles qui en jaillissent ne se voient presque pas à la lumière du jour, mais seulement dans la pénombre ou l'obscurité, je restai ébahi et plein d'admiration pour ses découvreurs.

Ötzi (2 540 ans avant J.-C., âge du cuivre) portait une pyrite sur lui. Ötzi est un Homo Sapiens Sapiens de 45 ans mort à 3 200 m d'altitude dans le glacier de Hauslabjoch (Alpes italiennes), où il fut découvert par hasard en 1991 par deux randonneurs. Exceptionnellement bien conservé par la glace qui le momifia, Ötzi vécut au début de l'âge du cuivre, 2 540 ans avant J.-C. Les archéologues retrouvèrent une partie de ses vêtements, son équipement, son armement, ses outils, des plantes médicinales et, surtout, pour ce qui nous concerne, un petit sac en cuir contenant de l'amadou, de la pyrite et un silex, ainsi que deux récipients cylindriques en écorce de bouleau et des flèches dont les pointes en silex étaient collées avec du brai de bouleau.

LA PIERRE À FEU DE L'ÂGE DU FER

L'âge du fer débute vers 1 050 avant J.-C. dans le monde méditerranéen et vers 700 avant J.-C. dans le Nord de l'Europe, avec les peuples celtes. Les Celtes, et plus particulièrement les Gaulois, sont les représentants d'une civilisation riche qui a inventé des outils agricoles et des techniques qui ont perduré jusqu'au XIXe siècle.

La pierre à feu de l'âge du fer est une pièce de fer ressemblant à une petite poignée. Elle a perduré jusqu'à la moitié du XXe siècle en Europe. Elle continue à être utilisée au moins dans certaines régions d'Afrique, notamment au Mali de nos jours.

Les outils actuels, composés de plus en plus souvent en acier inoxydable, ne permettent plus de fabriquer une pierre à feu, car ils ne contiennent plus de carbone. Les frapper avec un silex ne produit pas d'étincelles. En revanche, on peut en fabriquer à l'aide de vieux outils en fer (limes), ou bien en cherchant dans les brocantes, vide-grenier ou dans des régions du monde (Mali, Afrique du Sud...), où cet outil est encore exceptionnellement en usage.

La dureté du fer est de 4-5 sur l'échelle de Mohs*. Pour arracher des copeaux à la pierre à feu, il faut une lame plus dure que le fer. On utilisait en général un éclat de silex dont la dureté est de 7. Le silex doit néanmoins être très tranchant, il faut donc régulièrement débiter des éclats de silex. Il est recommandé de toujours porter des lunettes de protection quand on travaille le silex.

MODE D'EMPLOI

Prenez un appui ferme afin de ne pas bouger pendant la production d'étincelles. Avec un silex bien tranchant, frappez la pierre à feu, à répétition, tangentiellement et de haut en bas, pour en arracher des particules de fer. Celles-ci prendront feu au contact de l'air. Pour être efficace, le mouvement doit avoir de l'amplitude et demande un peu de place. Protégez vos doigts, un coup mal ajusté et ce sont eux qui recevront le tranchant du silex ! Entraînez-vous dans l'obscurité pour bien voir les étincelles jaillir. Notez, sur la photo page 37, la dispersion importante des étincelles.

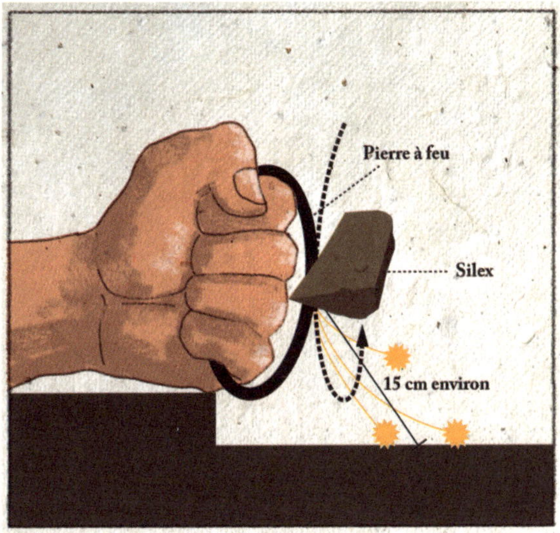

Produire des étincelles avec la pierre à feu de l'âge du fer

Pierre à feu de l'âge du fer du Mali

On peut fixer la pierre à feu et la frapper avec le silex, ou l'inverse. Choisissez la posture dans laquelle vous vous sentez le plus à l'aise.

Jean-Marie Nosal, un ami qui a travaillé en tant qu'humanitaire au Mali, m'a raconté sa découverte des pochettes à feu lors de l'un de ses premiers voyages au Mali :

« *En 1982, j'ai créé une association (loi 1901) qui s'appelle maintenant* "Via Sahel enfants d'Afrique" *(www.viasahel-enfantsdafrique.fr). Elle intervient principalement au Mali où je me rends plusieurs fois par an. Je garde intacte ma surprise de 1982, lorsque j'ai découvert ces peuples qui vivaient le quotidien sans artifice et sans aucune modernité. Je fumai la pipe à l'époque et, quand je demandais du feu, chacun sortait d'une pochette en cuir une pierre, un bout de métal, un peu de kapok, et en quelques secondes me donnait du feu. Très rapidement, j'ai appris à m'en servir et c'est un petit miracle à chaque fois d'agir sur les éléments et de produire du feu – avec rien que nous connaissions en Europe !*

Ces peuples quittent souvent leur domicile pour les récoltes pendant plusieurs mois. Il leur faut cet outil très adapté à leur situation, car utilisable de façon permanente : il ne se périme pas. Les chasseurs, qui s'éloignent aussi beaucoup de chez eux, ont ces "feux". Le chef des chasseurs dogons, qui décide ce qu'on peut ou non chasser, m'a offert mon premier "feu", puis m'en a procuré d'autres que j'ai pu rapporter en France, où j'ai créé beaucoup d'étonnement, mais où j'ai aussi pu observer la difficulté des Occidentaux à s'en servir. »

Produire des étincelles avec la pierre à feu de l'âge du fer.
Température de l'étincelle : 800 °C environ.

Pierre à feu moderne

LA PIERRE À FEU MODERNE

Inventée en 1885 par l'ingénieur autrichien Carl Auer von Welsbach à des fins industrielles (pierre à briquet), cette pierre à feu fut adoptée par les commandos marine suédois pendant la Seconde Guerre mondiale, puis par les armées d'un grand nombre de pays (dont la France et les États-Unis), qui équipèrent ainsi leurs soldats d'un système d'allumage tout temps et de longue durée. Cet outil est également utilisé par les chasseurs, les pêcheurs et les randonneurs.

Il s'agit d'une barre, de la taille et du diamètre d'un petit crayon, composée de ferrocérium, un alliage complexe de terres rares, encore appelé « mischmetall », contenant principalement du cérium et du lanthane, mais aussi du néodyme et du praséodyne, auxquels sont rajoutés du fer et du magnésium pour en renforcer la solidité et la résistance à la corrosion. Cette pierre à feu est en général vendue avec un grattoir qui permet d'en arracher des copeaux.

Les fournisseurs sont suédois, américains, anglais, chinois… Vous trouverez ce type de pierre à feu chez les vendeurs de matériel de randonnée et de « Bushcraft* ».

MODE D'EMPLOI

Prenez un appui ferme afin de ne pas bouger pendant la production d'étincelles. Le grattoir n'étant pas symétrique, identifiez la partie agressive en passant le doigt sur le bord. Supprimez d'abord la pellicule noire qui protège la pierre à feu, puis frottez fermement et plusieurs fois la pierre à feu

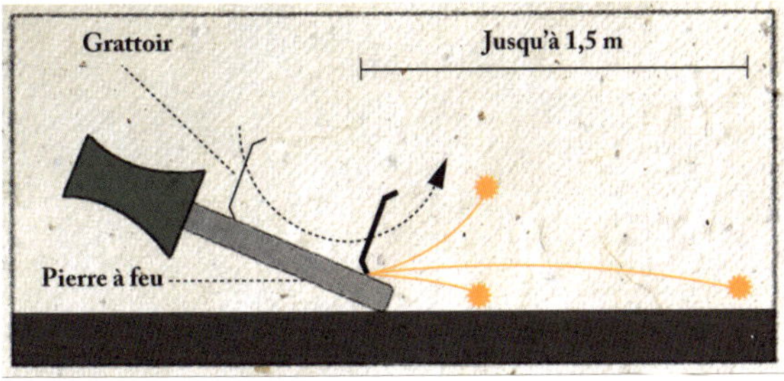

Produire des étincelles avec la pierre à feu moderne

pour en arracher des copeaux. La chaleur du frottement suffit à enflammer les copeaux. Entraînez-vous !

Cette méthode demande un peu d'amplitude, prenez garde à ne pas disséminer les initiateurs.

Vous pouvez aussi fixer le grattoir et tirer la pierre à feu en arrière. Cela permet de ne pas disséminer les initiateurs.

Le grattoir étant faiblement aiguisé, utilisez de préférence la lame de votre couteau. Posez la lame à 30° environ sur la pierre à feu et tirez la pierre à feu en arrière.

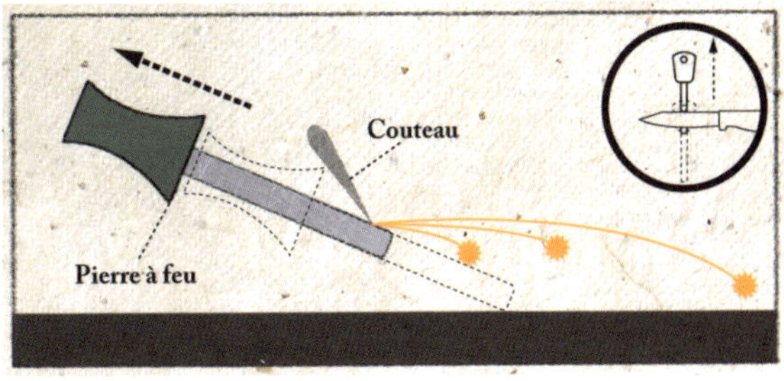

Tirer la pierre à feu

Produire des étincelles avec la pierre à feu moderne.
Température de l'étincelle : 3 000 °C environ.

La production d'étincelles est systématique et de qualité, mais cette méthode agressera la lame de votre couteau, qu'il vous faudra aiguiser régulièrement.

Si vous avez du mal à démarrer votre feu, ou s'il y a urgence, vous pouvez créer des rafales d'étincelles en faisant pivoter d'avant en arrière la lame de votre couteau sur la pierre à feu. Cette méthode usera plus rapidement votre pierre à feu et agressera fortement la lame de votre couteau, mais son efficacité est inégalée.

Si, malgré tout, des conditions difficiles font toujours obstacle, vous pouvez, à l'aide de votre couteau, tailler votre pierre à feu, détacher des copeaux de votre pierre à feu et les insérer au sein de votre initiateur avant de produire des étincelles. Lorsqu'une étincelle entrera en contact avec ces copeaux, ils prendront feu à leur tour et décupleront son effet.

Si vous perdez votre couteau, n'hésitez pas à le remplacer par un éclat de silex.

Si vous ne pouvez utiliser une de vos mains, plantez votre couteau dans une souche, au-dessus des initiateurs et procédez en tirant votre pierre à feu comme décrit ci-dessus.

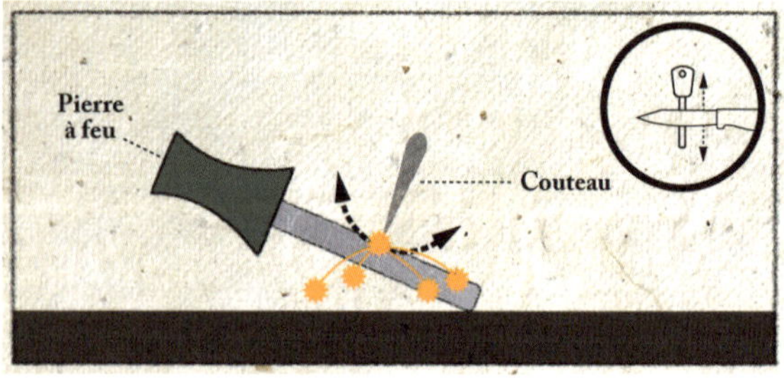

Produire des étincelles en rafales

COMPARAISON DES TROIS PIERRES À FEU

Comparons nos pierres à feu :

					Étincelles		
Pierre à feu	**S'en procurer**	**Poids**	**Solide**	**Volume/Taille**	**T °C**	**Distance** (1)	**Production**
Paléolithique	Difficile	100 g	Peu	Mandarine	800 °C	50 cm (2)	Facile
Âge du fer	Difficile	20 g	Très	Poing américain	800 °C	15 cm	Difficile
Moderne	Facile	20 g	Très	Petit crayon	3 000 °C	1,5 m	Très Facile

(1) Il s'agit de la distance à laquelle l'étincelle peut être projetée avant de s'éteindre. Sans être une mesure très précise, les distances de projection donnent une bonne idée de la durée de vie des étincelles produites par chacune des pierres à feu.
(2) Par opposition aux étincelles de la pierre à feu de l'âge du fer, c'est le soufre qui prolonge autant la durée de vie des étincelles de la pierre à feu paléolithique.

La durée de vie et la température de l'étincelle sont les deux paramètres les plus importants d'une pierre à feu, car ils déterminent la quantité d'énergie transmise par l'étincelle.

La quantité d'énergie est proportionnelle à la température et à la durée de vie de l'étincelle.

Si E est l'énergie des étincelles de la pierre à feu de l'âge du fer, alors on arrive par une simple règle de trois à l'approximation suivante :

Pierre à feu	T °C	Distance (durée)	Quantité d'Énergie	Efficacité
Moderne	3 000 °C	1,50 m	30 x E	1
Paléolithique	800 °C	0,50 m	3 x E	2
Âge du fer	800 °C	0,15 m	E	3

Par ordre d'efficacité décroissante, nous avons : la pierre à feu moderne, puis du Paléolithique et enfin de l'âge du fer.

C'est la solidité à toute épreuve et la grande longévité (et non l'efficacité) de la pierre à feu de l'âge du fer qui lui a permis de supplanter la pierre à feu du Paléolithique, fragile et difficile à trouver. Tous aspects confondus, ce fut un réel progrès.

Pour le plaisir de l'aventure, je vous invite à apprendre à faire du feu avec une pyrite ou une pierre à feu de l'âge du fer, car c'est mettre ses pas dans ceux de nos ancêtres et faire un peu plus leur connaissance. L'intérêt est également pédagogique : l'étincelle étant peu chaude et de courte durée, cet apprentissage vous fera découvrir des initiateurs encore plus faciles à utiliser avec la pierre à feu moderne. Pour ma part, c'est une pierre à feu du Paléolithique que j'emporte avec moi en randonnée sauvage, avec une pierre à feu moderne et quelques allumettes étanches en secours dans un boîtier étanche.

Votre équipement pour produire des étincelles :

- la pierre à feu de votre choix,
- son grattoir, sa lame en silex, son percuteur ou votre couteau,
- des gants pour protéger vos doigts.

Votre pierre à feu doit être facilement accessible au campement après avoir posé votre sac à dos. Légère, de très faible volume et difficilement remplaçable, elle est si précieuse que je vous conseille de la porter autour du cou.

3

DEUXIÈME PARTIE

MISE À FEU

À LA SOURCE DU FEU

À ce stade, nous voici donc en mesure de créer une étincelle, que ce soit grâce à la pyrite découverte par nos lointains ancêtres, ou grâce à la pierre à feu moderne mise au point pour les commandos suédois pendant la Seconde Guerre mondiale. Mais nous ne savons pas encore comment faire du feu… Pour cela, il faut d'abord comprendre ce qu'est un feu !

LA COMBUSTION ET LE TRIANGLE DU FEU

Le feu, c'est d'abord et avant tout le résultat d'une réaction chimique*, qui fut notamment décryptée par Antoine Laurent de Lavoisier (1743-1794). Scientifique révolutionnaire considéré comme le fondateur de la chimie moderne – par opposition à l'alchimie –, il fut le premier à comprendre le rôle de comburant de l'oxygène de l'air dans la combustion. Il renversa la théorie existante (qui définissait la combustion comme l'émission d'un **feu préexistant dans la matière** et qui s'en échappe). Et il redéfinit la combustion comme un processus qui, en présence de chaleur, **combine un matériau avec de l'oxygène** et produit de la chaleur.

Un **comburant** est un corps chimique qui, en présence d'**énergie**, peut se combiner à un **combustible** dans une réaction chimique, appelée combustion, qui produit de la chaleur.

La réaction chimique de combustion ne peut se produire que si les trois constituants énergie, combustible et comburant sont réunis. C'est le fameux « triangle du feu ».

Le triangle du feu

ÉNERGIE **+ COMBUSTIBLE** **+ COMBURANT**	**= COMBUSTION**	**->**	**CHALEUR**

Depuis Lavoisier, d'autres comburants ont été identifiés : l'ozone, le fluor, le chlorate, le nitrate de potassium ou salpêtre, l'oxyde de fer pour la soudure à l'aluminium…

La production de chaleur par la combustion permet à la réaction de s'auto-entretenir, voire de s'amplifier en une réaction en chaîne, comme c'est le cas lors d'un incendie de forêt.

Lorsque l'apport en comburant est faible, l'oxydation est réduite et la température reste faible. La combustion est dite lente. Lorsqu'on augmente l'apport en comburant, l'oxydation est activée et la température **augmente**. On parle de combustion rapide.

EN PLEINE NATURE

En pleine nature, notre comburant sera le **dioxygène de l'air**. Pour l'énergie, nous disposerons de la **chaleur**, d'abord de l'étincelle produite par la pierre à feu, puis d'une braise et enfin d'une flamme.

Nous disposerons également de végétaux, mais seuls les gaz peuvent brûler car, contrairement aux solides et aux liquides, eux seuls ont la capacité de se mélanger de façon homogène au comburant qui ne peut pénétrer au cœur d'un liquide ou d'un solide à moins que celui-ci soit poreux ou particulièrement aéré. Or, à partir de 200 °C, sous l'effet de la chaleur, les végétaux se décomposent et produisent un **gaz inflammable**. C'est la pyrolyse.

CHALEUR + COMBUSTIBLE = PYROLYSE -> GAZ INFLAMMABLE

Ce gaz inflammable va se mélanger à l'oxygène de l'air et permettre la réaction de combustion.

CHALEUR + COMBUSTIBLE + DIOXYGÈNE DE L'AIR = FEU

Le triangle du feu en pleine nature

Si l'un de ces constituants fait défaut, le feu ne s'allume pas ou s'éteint.

Le gaz inflammable produit par la pyrolyse ne doit pas être confondu avec la fumée, signe d'une combustion incomplète, qui est constituée de cendres et de particules solides issues de la pyrolyse, mais non brûlées.

Lorsque la combustion est lente par manque d'air, la température reste faible et la combustion se traduit par des braises rouge sombre dont la température est d'environ 600 °C. C'est le procédé employé pour fabriquer le charbon de bois.

Lorsqu'on active la combustion en soufflant comme dans une forge ou en présence de vent, la température des braises augmente, les gaz s'enflamment et la combustion se traduit par des flammes jaune orange dont la température est d'environ 1 000 °C.

L'EMBRASEMENT GÉNÉRALISÉ ÉCLAIR

Nous avons vu que la température des étincelles produites par une pyrite ou une pierre à feu de l'âge du fer est de 800 °C. Avec une telle température, il est possible d'embraser (600 °C) un végétal, mais c'est insuffisant pour l'enflammer (1 000 °C). Pour passer de la braise à la flamme, il faut élever la température de 600 °C à 1 000 °C. L'embrasement généralisé éclair, ou EGE, est le processus utilisé par nos lointains ancêtres pour passer de la braise à la flamme en élevant la température des gaz inflammables de 600 °C à 1 000 °C.

La chaleur des braises provoque la pyrolise des combustibles qui émettent des gaz inflammables. Si on active la combustion en soufflant sur les braises et que les gaz inflammables sont confinés dans un espace quasi-clos, leur température va suffisamment augmenter pour qu'ils s'enflamment spontanément.

La lutte contre les incendies en donne une bonne illustration. Un embrasement généralisé éclair se produit dans les conditions suivantes :

• local semi-ouvert en partie basse et contenant une source de chaleur ;

• accumulation de gaz inflammables issus de la pyrolyse d'un combustible présent dans le local ;

• local régulièrement et suffisamment alimenté (ventilation, climatisation…) en air.

Nous retrouvons le triangle du feu (chaleur + combustible + dioxygène de l'air = feu). Or, le confinement des gaz inflammables dans le local quasi-clos et régulièrement alimenté en oxygène provoque l'élévation de leur température, activant la combustion qui croit alors de manière exponentielle et s'emballe. Lorsque la température atteint le seuil d'auto-inflammation des gaz émis, il se produit une inflammation instantanée de la totalité du gaz inflammable contenu dans le local. C'est l'EGE ou « flashover ».

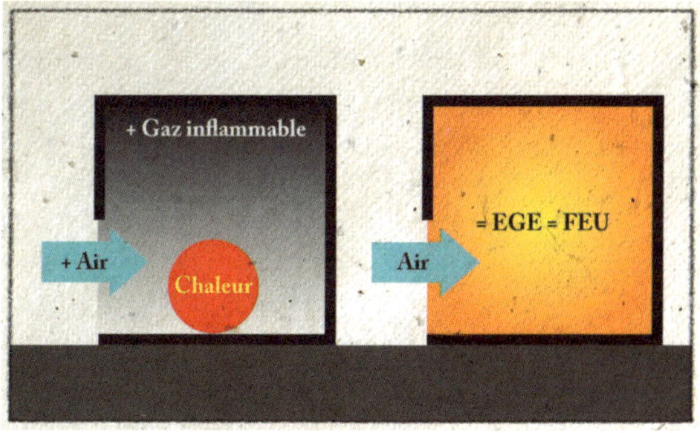

L'embrasement généralisé éclair

Pour éviter l'inflammation du gaz ou pour éteindre le feu, il faut briser le triangle du feu en fermant les arrivées d'air, en ouvrant le local dans sa partie supérieure pour réduire la quantité de gaz et en l'arrosant pour en faire baisser la température. À l'inverse, pour passer de la braise à la flamme, il convient de maintenir les gaz confinés et de souffler sur la braise jusqu'à ce que les gaz s'enflamment.

TEMPÉRATURE D'AUTO-INFLAMMATION

La température d'auto-inflammation est celle à partir de laquelle un liquide s'enflamme spontanément en l'absence de flamme. Elle dépend de la nature du gaz inflammable émis.

Les végétaux sont d'autant plus combustibles qu'ils sont secs, riches en résine et capables de produire un gaz fortement inflammable. Or il se trouve que les feuilles de nombreux végétaux contiennent des composés organiques volatiles (COV) inflammables et qu'en période de sécheresse, ces végétaux, pour combattre l'élévation de température, les émettent dans l'atmosphère. Souvent très parfumées, les plantes contenant des COV émettent une forte odeur en période de sécheresse, ce qui aide à les identifier sur le terrain. L'alpha-pinène fait partie des COV les plus fréquents et les plus inflammables dans la nature.

COV	**Alpha-pinène**
NFPA* 704	**Classe 3**
Ébullition	**+34 °C**
Auto-inflammation	**+220 °C**
Commentaire	**Émission maximale à +175 °C**

L'alpha-pinène

Parmi les essences fortement inflammables, toutes causes confondues, nous trouvons : le foin sec, la paille, l'écorce de bouleau, les brindilles du pin, du noisetier, du châtaignier, de la bruyère arborescente, de la lavande, les feuilles ou aiguilles du thuya, du chêne de Douglas, du caoutchouc, du pin jaune, du pin maritime, du pin laricio, du mélèze, du genévrier, du tremble, du saule, du thym, du pin d'Alep, du chêne vert, du chêne-liège, de l'acacia, de l'aulne, de l'eucalyptus, du chêne kermès, du laurier…

LE COMBUSTIBLE : INITIATEURS, BRINDILLES ET BOIS

Il s'agit de créer du feu à partir d'une étincelle. En ce qui nous concerne, le feu pourra prendre deux aspects :

- la braise dont la température est de 600 °C environ,
- la flamme dont la température est de 1 000 °C environ.

Pour allumer un feu en pleine nature, il faut donc trouver des végétaux capables soit de s'embraser, soit de s'enflammer au contact d'une étincelle. Les végétaux ayant ces qualités s'appellent des **initiateurs de braise ou de flamme**.

LES INITIATEURS DE BRAISE

L'AMADOU

Cet initiateur économique et fiable provient de la **chair d'un champignon, le polypore amadouvier.**

En découpant à la scie, dans le sens de la largeur, un polypore amadouvier, on observe trois parties :

- l'hyménium, qui se présente sous la forme de longs tubes serrés les uns contre les autres dans la partie basse du champignon, sur toute sa largeur,
- le noyau mycélien dans la partie haute du champignon, côté tronc ; il a l'aspect et la dureté du bois,
- l'amadou, qui se trouve juste sous la cuticule entre l'hyménium et le noyau mycélien. Doux, ouatiné et duveteux, il est très facile à reconnaître au toucher.

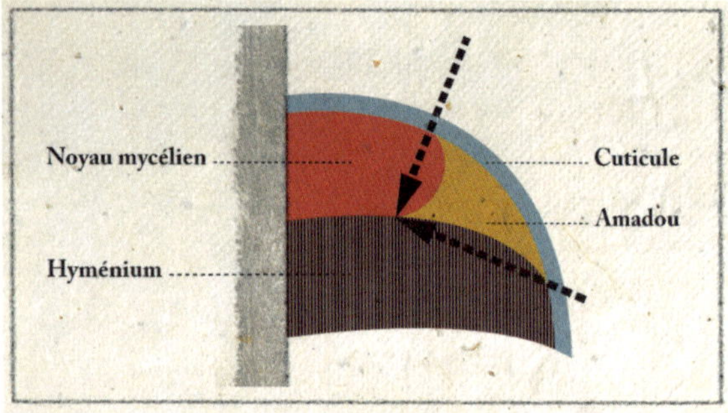

Le polypore amadouvier

Pour ma part, après avoir cueilli et scié un polypore amadouvier, je supprime l'hyménium et le noyau mycélien. De cette chair, je récupère la **sciure** et de petits **blocs** que je conserve dans une pochette en cuir (type porte-monnaie).

Initiateur	Embrasement	Durée de la braise
Amadou	Quelques étincelles	Quelques minutes

Ötzi, 2 540 ans avant J.-C., âge du cuivre, portait de l'amadou sur lui.

Depuis que je sais que la chair du polypore amadouvier est un des meilleurs initiateurs, que ce champignon ne présente aucun intérêt puisqu'il n'est pas comestible, qu'il est dur comme du bois et difficile à entailler et que seule une faible partie de sa chair peut servir d'initiateur, je ne cesse de me demander : mais comment notre ancêtre l'a-t-il découvert ?

L'amadou fut également utilisé pour fabriquer les premières mèches de dynamite.

Slavomir Rawicz raconte dans *À marche forcée* (Phébus, Paris, 2011) quel initiateur il utilisa pour faire du feu lors de son évasion durant l'hiver 1941 d'un camp de prisonniers de guerre au fin fond de la Sibérie : « *Nous avions déjà résolu la question du feu. En Sibérie où les allumettes sont un luxe, il existe un moyen primitif mais efficace : un champignon épais que l'on arrache par plaques sur les arbres* et que les Russes appellent* gubka, *littéralement "éponge". On le fait bouillir et sécher. Il suffit ensuite, en grattant une pointe tordue sur un bout de silex, de faire jaillir une étincelle sur cette gubka qui s'enflamme sans peine.* »

LES CHARBONS

Lorsqu'on chauffe du bois brut à basse température et en l'absence d'oxygène, les étapes suivantes se succèdent :

- À 100 °C, l'eau s'évapore, le bois sèche. C'est la déshydratation.
- Puis, à partir de 200 °C, la chaleur décompose le bois sec. C'est la pyrolyse qui, en l'absence d'oxygène, crée du charbon de bois et des gaz en cassant les atomes des molécules d'origine.

Récupérons le charbon de bois et chauffons-le à nouveau, mais cette fois-ci en présence d'oxygène. Le charbon de bois, ayant une structure poreuse, va se combiner à l'oxygène. Il y a émission de chaleur. C'est la combustion qui prend, dans ce cas, la forme de braise.

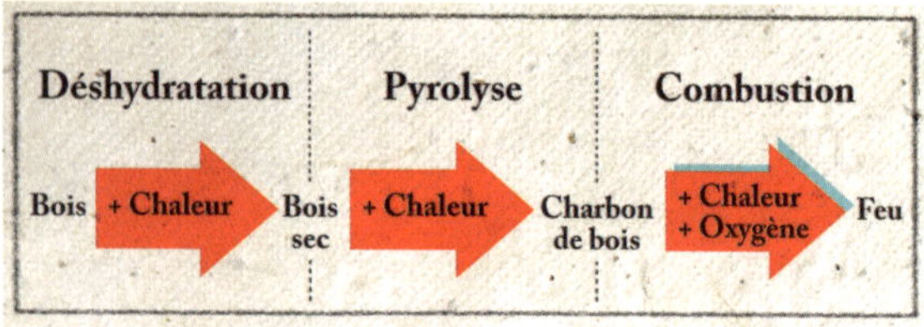

Fabrication du charbon de bois

Initiateur	Embrasement	Durée de la braise
Charbons	Quelques étincelles	Quelques minutes

Ne nécessitant ni déshydratation, ni pyrolyse – puisqu'il en est issu –, le charbon de bois demande beaucoup moins d'énergie pour sa combustion que le bois brut.

Il est donc possible d'embraser certains végétaux impossibles à embraser à l'état naturel. Ainsi la fibre de **coton carbonisé** était couramment utilisée en Europe, au Moyen Âge, et la fibre de **kapok carbonisé** est toujours en usage de nos jours au Mali.

LES INITIATEURS DE FLAMME

LA BÉTULINE

La bétuline est une huile naturelle inflammable de la famille des hydrocarbures. Inflammable même mouillée, une fumée noire et grasse s'en échappe lorsqu'elle brûle.

C'est une défense développée par la plante contre les parasites et épiphytes qui pourraient y pénétrer ou s'y fixer.

On la trouve principalement dans l'écorce du bouleau blanc dans laquelle elle est très abondante (de 10 à 30 % du poids de l'écorce). On la trouve également, mais en petite quantité, dans l'écorce des autres représentants de la famille des bétulacées (toutes les autres espèces de bouleaux, l'aulne rouge…), dans l'écorce du noisetier, dans les aiguilles de l'épinette rouge (famille des épicéas), dans les racines des grewias (arbustes tropicaux), dans le polypore cendré (champignon parasite* du bouleau), dans certaines herbes (brunelle commune…), etc.

L'ÉCORCE DE BOULEAU

C'est un excellent initiateur de flamme. Plus l'écorce est fine (pelures), plus elle sera facile à enflammer, mais la flamme durera peu – et inversement. L'idéal est de disposer des deux épaisseurs.

Initiateur	Inflammation	Durée de la flamme
Pelure de bouleau	Quelques étincelles	Quelques secondes
Écorce de bouleau	Quelques étincelles	Quelques dizaines de secondes

À l'aide de votre couteau, vous pouvez prélever de l'écorce sur un arbre mort (jamais vivant). Il vous suffira de nettoyer l'écorce de ses parties humides en la raclant avec votre lame, pour qu'elle retrouve toutes ses qualités. Si vous utilisez encore des allumettes, vous pouvez cesser totalement d'emporter du papier en le remplaçant par de l'écorce de bouleau.

Pelures de bouleau verruqueux

Bouleau à canots perdant son écorce en lambeaux

Fendre l'écorce de bouleau

Prélever l'écorce de bouleau

> « *J'ai titubé jusqu'à elle et elle m'a montré un bouleau du doigt en disant : "Découpe l'arbre, Petit Arbre." J'ai pris le couteau de Grand-père et j'ai découpé l'écorce. Grand-mère s'en est servie pour allumer un feu, car l'écorce du bouleau brûle comme du papier.* »
> Forrest Carter, Indien Cherokee, *Petit Arbre*, Le Livre de Poche Jeunesse, Paris, 2009.

> **Jonathan Czodor Ichmoukametoff** raconte un souvenir de famille : « *Quand mon arrière-grand-mère est arrivée en France en 1923, en provenance d'Orenbourg en Sibérie, elle avait pour habitude d'utiliser l'écorce de bouleau pour allumer le poêle. Et du bouleau, il y en avait dans la cour de la ferme d'en face ! Alors, elle allait en récupérer directement sur l'arbre, ce qui n'était pas sans créer quelques incidents diplomatiques avec les locaux… Mais durs sont à perdre les actes réflexes de survie de l'habitant de la Taïga.* »

LES AKÈNES* DES PLANTES ANÉMOCHORES*

Il s'agit souvent de minuscules graines surmontées d'une aigrette de poils, d'une plume… faisant parachute. Cette structure imperméable, très fine et d'une extrême légèreté destinée à faciliter la dispersion des graines par le vent fait souvent un excellent initiateur de flamme.

Ce sont, par exemple : les akènes de l'épi femelle de la massette, de l'ombellifère, de l'épilobe, des lianes de la famille des clématites, du roseau commun, de l'arbre aux papillons…

Initiateur	Inflammation	Flamme Durée	Hauteur
Akènes de la massette	Dès la première étincelle	Fugitive (1 s)	Quelques millimètres
Akènes de la clématite	Quelques étincelles	10 s environ	Quelques centimètres
Akènes du roseau commun	Quelques étincelles	10 s environ	Quelques centimètres
Akènes de l'ombellifère	Quelques étincelles	Quelques secondes	Quelques centimètres
Akènes de l'épilobe	Quelques étincelles	Quelques secondes	Quelques centimètres

L'HERBE SÈCHE

Si c'est de l'herbe coupée, elle doit être bien sèche. Si vous la prélevez sur pied, ne prenez que celle qui vous reste en main quand vous la ratissez avec vos doigts (si vous devez tirer dessus, c'est qu'elle n'est pas assez sèche).

Initiateur	Inflammation	Flamme Durée	 Hauteur
Herbe sèche	Quelques étincelles	10 s environ	Quelques centimètres
Fougère sèche	Quelques étincelles	10 s environ	Quelques centimètres
Aubier de châtaignier	Quelques étincelles	10 s environ	Quelques centimètres

AUTRES INITIATEURS DE FLAMME

À vous de les trouver ! C'est un véritable jeu. En solution de secours, n'hésitez pas à emporter des initiateurs synthétiques comme quelques cotons imbibés de gel hydroalcoolique.

LES BRINDILLES

Vos brindilles doivent être sèches. Or le bois mort est souvent imbibé d'humidité s'il est au sol. Ramassez vos brindilles directement **dans les arbres**, jamais au sol. S'il pleut, choisissez vos brindilles à l'abri : **au bas de l'arbre, le plus près possible du tronc et sous le vent.** Vous constaterez souvent que, de ce côté-là, les brindilles sont restées sèches malgré la pluie. Si malgré tout, l'écorce est humide, supprimez-la en grattant vos brindilles avec la lame de votre couteau.

Si elles sont bien sèches, vos brindilles doivent casser comme du verre lorsque vous les prélevez. Sinon, ne les prenez pas.

Pour faciliter le démarrage du feu, choisissez chaque fois que possible des essences contenant des composés organiques volatiles :

• bouleau,
• pin,
• noisetier,
• noyer,
• châtaignier,
• bruyère...

Le bouleau sera privilégié pour son écorce inflammable. **Les résineux** également. **Le noisetier** cumule bien des avantages : petit arbre aux multiples rejets verticaux, il contient une huile inflammable. Morts, les longs rejets verticaux restent sur pied et feront d'excellentes brindilles très faciles à cueillir et d'autant plus sèches que la pluie ne peut s'y maintenir.

Cueillez un petit fagot de brindilles que vous porterez sur vous dans une grande poche. Il sera à l'abri de l'humidité, et la chaleur de votre corps contribuera à les faire sécher.

LE GROS BOIS

> Le pouvoir calorifique

Le pouvoir calorifique d'un bois est la quantité de chaleur dégagée par sa combustion. Le tableau ci-après classe quelques essences d'arbres par ordre de pouvoir calorifique décroissant.

Essence	FD/ FT/R	Combustion	
Charme	FD	Lente	
Hêtre	FD	Lente	
Frêne	FD	Lente	
Robinier	FD	Moyenne	
Chêne	FD ++	Très lente	
Orme	FD	Lente	
Bouleau	FT	Rapide	
Châtaignier	FD	Moyenne	
Mélèze	R	Rapide	
Pin sylvestre	R	Rapide	
Tilleul	FT	Moyenne	
Aulne glutineux	FT	Rapide	
Epicéa	R	Rapide	
Sapin blanc	R	Rapide	
Peuplier	FT	Rapide	

FD = Feuillu Dur, FT = Feuillu Tendre, R = Résineux*

	Braise	Flamme	Fumée	Usage
	Bonne	Dansante	Faible	V, N
	Bonne	Vive	Faible	V, N
	Très bonne	Vive	Moyenne	N
	Moyenne	Escarbilles	Faible	
	Très bonne	Vive	Moyenne	N
	Bonne	Petite	Faible	V, N
	Médiocre	Vive	Moyenne	A
	Moyenne	Escarbilles	Moyenne	
	Faible	Vive	Moyenne	A
	Faible	Vive	Abondante	A
	Faible	Vive	Faible	A
	Moyenne	Vive	Faible	A
	Faible	Escarbilles	Moyenne	A
	Faible	Escarbilles	Abondante	A
	Faible	Vive	Faible	

Les arbustes (comme le noisetier) ne sont pas classés dans ce tableau.*
A = Allumage, V = Veillée, N = Nuit

En simplifiant :

• Les bois durs brûlent lentement et font de bonnes braises (600 °C).

• Les bois tendres et les résineux brûlent rapidement, montent rapidement en température en faisant des flammes (1 000 °C), mais peu de braises.

Pour l'allumage : on recherche une montée en température rapide et élevée, donc des flammes (1 000 °C). On sélectionnera les essences à combustion rapide et à flamme vive. Si la combustion produit une bonne braise, le démarrage sera d'autant plus facile. Peu importe la fumée et les escarbilles.

Le bouleau vient en tête, puis **les résineux, le tilleul, l'aulne...** Le peuplier est écarté à cause de son trop faible pouvoir calorifique.

Pour la veillée : on recherche de la lumière, de la chaleur, pas de fumée ni d'escarbilles. On sélectionnera les essences à combustion lente, produisant une bonne braise, une flamme vive ou dansante, mais ni fumée, ni escarbilles.

Le charme et **le hêtre** viennent en tête, puis **l'orme**... Le chêne et le frêne sont écartés à cause de la fumée.

Pour la nuit : on recherche de la chaleur pour toute la durée de la nuit, mais sans avoir à recharger le feu trop souvent. On sélectionnera les essences à combustion lente ou très lente produisant une bonne braise mais sans escarbilles et sans que la fumée soit trop abondante.

Le chêne vient en tête, puis le frêne, le charme, le hêtre, l'orme...

> L'humidité

Si le bois est humide, le feu va beaucoup fumer et une grande partie de la chaleur sera perdue à chauffer et vaporiser l'eau contenue dans le bois, faisant perdre au bois jusqu'à 50 % de son pouvoir calorifique. Quand il est vert, le chêne peut contenir jusqu'à 60 % d'eau, et il faut qu'il sèche plus de deux ans dans de bonnes conditions pour en contenir moins de 15 %. Séchant, il s'allège d'autant. La légèreté du bois est un bon critère pour reconnaître un bois mort bien sec.

Pour éviter l'humidité, on cherchera d'abord à trouver du bois parmi les branches des arbres et non celles qui se trouvent à terre. On peut aussi l'écorcer ou le fendre en utilisant son couteau comme un coin et en frappant dessus avec un autre bâton.

Un feu de bois bien sec ne fait pratiquement pas de fumée.

LA CUEILLETTE DES INITIATEURS

SE PRÉPARER

Avant de partir, lorsque vous préparez votre randonnée, étudiez attentivement la carte pour repérer les lieux favorables (bordures de forêt, étangs, ruisseaux, sources…) à la cueillette des initiateurs et à votre bivouac. Ces repérages décideront de votre itinéraire.

ANTICIPER

Ne comptez pas trouver des initiateurs à proximité immédiate de votre bivouac, rien ne garantit qu'il y en aura et, dans le cas contraire, vous n'arriverez pas à allumer votre feu.

Il faut vous y prendre à l'avance, dans les heures, voire les jours qui précèdent, et être opportuniste.

REGARDER

Le long du chemin, soyez vigilant : **observez** les alentours, cherchez les lieux propices (bordures de forêt, étangs…), recherchez les espèces favorables (hêtre, bouleau…) et, chaque fois que vous apercevez un initiateur, prélevez-le et remplissez vos grandes poches sans compter. Il vous en faut au moins l'équivalent d'une grosse poignée. Dans vos poches, les initiateurs seront à l'abri de l'humidité, et la chaleur de votre corps contribuera à les faire sécher.

Ramassez systématiquement tous les initiateurs que vous trouvez au fur et à mesure de votre marche. Vous ferez le tri plus tard.

Ramassez également en chemin l'équivalent d'une grosse poignée de très fines brindilles dont vous remplirez une autre de vos grandes poches.

Le gros bois est plus facile à trouver et il pèse trop lourd pour être porté longtemps, en plus de votre sac à dos. Attendez le lieu du bivouac pour le ramasser.

4

TROISIÈME PARTIE

DANS LE FEU DE L'ACTION

ALLUMER LE FEU

Contrairement à une croyance largement répandue, l'action d'allumer un feu à partir d'une étincelle ne s'improvise pas. Prendre conscience de son ignorance en la matière est une étape préliminaire indispensable dans la quête de ce savoir-faire.
Pour bien comprendre le processus et les solutions apportées à chaque obstacle, nous irons du plus difficile (pyrite ou pierre à feu de l'âge du fer) au plus facile (pierre à feu moderne).

CONSEIL

ATTRAPER LES ÉTINCELLES

Nous avons vu précédemment que la dispersion des étincelles est très grande. Si vous n'y prêtez pas attention, elles n'atteindront pas l'initiateur et vous ne parviendrez pas à allumer votre feu. Pour mettre toutes les chances de votre côté, il faut que la pierre à feu soit **au contact de l'initiateur** et que celui-ci soit présent en quantité adaptée. En général, l'équivalent d'une **poignée** suffit.

CONSEIL

S'ISOLER DU SOL

Le sol est froid. Il peut même être détrempé, enneigé ou gelé. Si l'initiateur est directement à son contact, le sol absorbera tout ou partie de l'énergie de l'étincelle, qui risque fort de ne jamais l'embraser ou l'enflammer. Aussi, évitez d'installer vos initiateurs au contact du sol. De même, vous isolerez votre feu du sol en installant au préalable un **plancher de bois**. Les initiateurs vont, par ailleurs, chauffer le plancher qui va s'embraser puis s'enflammer à son tour, multipliant la quantité de braises et facilitant ainsi le démarrage du feu. Le cœur du bois étant par nature sec, le plancher sera d'autant plus sec que vous aurez fendu les rondins en deux dans le sens de la longueur avec votre couteau. Une fois le feu allumé, le plancher va peu à peu se consumer ; il faudra le reconstituer chaque fois que nécessaire. On pourra alors utiliser du bois vert écorcé (pour limiter la fumée) dont la durée de vie au feu est plus importante que le bois mort.

EN CRÉANT UNE BRAISE

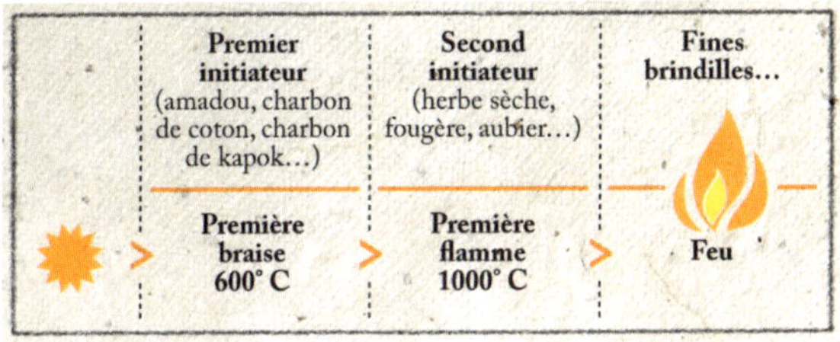

Allumer un feu en créant une braise

La pyrite et la pierre à feu de l'âge du fer produisent des étincelles à 800° C, ce qui n'est pas suffisant pour enflammer (1 000° C) un végétal. En revanche, leurs étincelles sont suffisamment chaudes et durent assez longtemps pour embraser (600° C) les initiateurs de braise que nous avons vus précédemment (amadou, charbon de kapok, charbon de coton...). Puis après avoir créé une braise, nous créerons une flamme à partir d'un deuxième initiateur (herbe sèche, fougères, aubier...).

Pour simplifier l'exposé de la méthode, nous utiliserons ici la pyrite, de l'amadou en premier initiateur et de l'herbe sèche en second initiateur.

> Étape n° 1

Tout d'abord, **préparez** soigneusement tous les éléments (pierre à feu, amadou, herbe sèche, fines brindilles, bois) dont vous allez avoir besoin, et construisez un petit plancher de bois pour isoler votre feu du sol. Surtout, ne négligez pas cette étape de préparation, c'est une des clés du succès.

Faire jaillir des étincelles avec la pyrite

Première braise : instant magique !

Recueillir la première braise dans un bloc d'amadou

Braise d'amadou enfermée dans son nid d'herbe

> Étape n° 2

Vous pouvez maintenant **créer une braise.** Sortez votre initiateur de votre poche au dernier moment, préparez une bonne poignée de sciure d'amadou dans le rabat d'un porte-monnaie en cuir. Posez la pyrite au contact de l'amadou et frappez-la : il suffit de quelques coups pour que tout à coup un mince filet de fumée s'échappe de l'amadou. Une fibre d'amadou s'est embrasée ! Instant magique !

Une fois l'étincelle attrapée, l'amadou se consume tout seul et se propage aux fibres voisines. Pas de précipitation, l'amadou ne s'éteindra plus, à moins de l'arroser. C'est un de ses avantages. Laissez la braise s'étendre. Quand une pincée d'amadou s'est embrasée, prélevez-la et posez-la sur un bloc d'amadou.

Le bloc d'amadou va s'embraser à son tour et se transformer peu à peu en braise.

Notez qu'avec un peu d'habitude vous pouvez également tenter d'embraser directement le bloc d'amadou.

> Étape n° 3

Maintenant que vous avez une braise, il s'agit de la transformer en flammes. Nous allons passer de la braise à la flamme en créant un mini embrasement généralisé éclair (EGE, voir page 53).

Pour qu'il y ait embrasement généralisé éclair, il faut qu'il y ait **confinement**. C'est primordial. Vous aurez besoin d'un deuxième initiateur. Prenez une bonne poignée d'herbe sèche, façonnez un nid grossier et enfermez-y votre braise hermétiquement. Laissez un passage pour l'air dans sa partie basse afin d'alimenter votre braise en oxygène. Pas de précipitation, laissez le bloc de polypore s'embraser pour avoir une bonne braise, puis mettez-vous dos au vent pour protéger vos yeux et soufflez sur la braise pour augmenter la température. La braise va chauffer l'herbe. Sous l'effet de la chaleur, celle-ci va sécher, puis se décomposer (pyrolyse) en gaz inflammable. De la fumée apparaît.

Vérifiez à nouveau que la braise est hermétiquement enfermée dans l'herbe. Soufflez encore. La quantité de fumée et de gaz va progressivement augmenter, puis tout à coup s'enflammer. Encore un instant magique !

Avec un peu d'habitude, vous obtiendrez votre première flamme en moins de 5 minutes. Si votre herbe est légèrement humide, pas de soucis, augmentez la taille du bloc d'amadou : la braise (600 °C) séchera vite votre herbe, qui s'embrasera tout aussi bien. S'il y a du vent, vous n'aurez probablement pas besoin de souffler : il vous suffira d'exposer le nid d'herbe au vent pour que la fumée apparaisse, puis s'enflamme.

En second initiateur, à la place de l'herbe, vous pouvez également utiliser de la paille, de la fougère sèche, des fibres végétales comme celles que l'on trouve sous l'écorce du châtaignier, des copeaux de bois, des feuilles (thuya) ou des aiguilles (pin) contenant des composés organiques volatiles et que vous aurez choisis le plus sec possible. Dans certains cas (copeaux, feuilles, aiguilles…), il sera difficile de construire un nid et de le tenir en main. Posez la braise d'amadou sur le plancher que vous avez préparé et recouvrez-la de copeaux, de feuilles de thuya, d'aiguilles de pin, etc., le plus hermétiquement possible tout en laissant un passage à la base pour alimenter la braise en oxygène. La suite des opérations est alors identique. De plus, chauffé à 600 °C par la braise, le plancher va également

En posant la braise sur le plancher

s'embraser, augmentant du même coup la quantité de braise et facilitant la création de la flamme.

> Étape n° 4

Posez rapidement votre poignée d'herbe enflammée sur le plancher de bois. Présentez immédiatement vos brindilles **au-dessus des flammes** sans les poser, afin de ne pas éteindre votre feu encore fragile. Quand les brindilles auront pris feu, posez-les avec précaution sur votre feu.

Si vos brindilles ont du mal à prendre, n'hésitez pas à utiliser de l'écorce de bouleau (voir les initiateurs de flamme, page 61).

> Étape n° 5

Faites grandir la flamme en augmentant peu à peu le diamètre du bois que vous installerez progressivement en **tipi bien aéré**. À chaque étape, placez le bois de diamètre supérieur sur le côté, au contact du feu, pour le sécher et le préchauffer. Pour éviter d'écraser votre feu naissant par des bûches trop lourdes, installez celles-ci de part et d'autre au contact de votre feu. Placez les bûches suivantes sur les premières, toujours au contact du feu.

En résumé, allumer un feu à partir d'une braise, c'est :

- Étape 1 : **préparer** pierre à feu, initiateur de braise, initiateur de flamme, écorce de bouleau, brindilles, bois ; construire un plancher de bois.
- Étape 2 : **créer une braise** à l'aide de la pierre à feu et de l'initiateur de braise.
- Étape 3 : **créer une flamme en enfermant la braise** dans l'initiateur de flamme puis en soufflant ; poser le tout sur le plancher.

• Étape 4 : présenter écorce de bouleau ou brindilles **au-dessus** des flammes, et les laisser s'enflammer avant de les poser.
• Étape 5 : faites grandir la flamme en installant progressivement votre bois en **tipi bien aéré.**

Allumer un feu à partir d'une braise demande une préparation sans faille et un déroulement sans oubli ni hésitation quant à l'ordre des étapes ci-dessus. Entraînez-vous !

Dans *Journal de bord du Voyage du Beagle (1831-1836)*, (Honoré Champion éditeur, Paris, 2012), **Charles Darwin** raconte comment les Gauchos des Îles Malouines faisaient du feu par une pluie battante : « *Ils cherchent, sous les touffes d'herbes, quelques petits rameaux* aussi secs que possible et les réduisent en brins de la grosseur d'une allumette. Puis ils entourent ces fibres de morceaux un peu plus gros et disposent le tout sous la forme d'un nid d'oiseau, au milieu duquel ils placent le morceau d'amadou enflammé. On expose alors ce nid au vent, le paquet se met à fumer, puis enfin les flammes se font jour.* »

EN CRÉANT UNE FLAMME

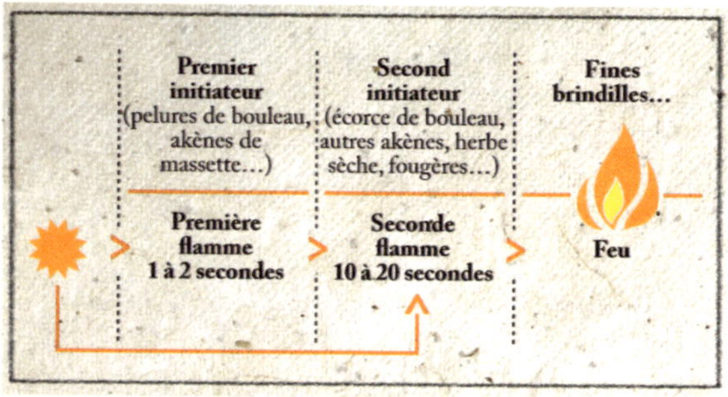

Allumer un feu en créant une flamme

Nous avons vu que les étincelles de la pyrite ou de la pierre à feu de l'âge du fer (800 °C) ne permettent pas d'enflammer (1 000 °C) un végétal. Pour créer une flamme, il nous faudra donc utiliser la pierre à feu moderne dont les étincelles sont à 3 000 °C.

> Étape n° 1

Tout d'abord, **préparez** soigneusement tous les éléments (pierre à feu, premier initiateur, deuxième initiateur, fines brindilles, bois) dont vous allez avoir besoin. Surtout, ne négligez pas cette étape de préparation, elle est capitale. À nouveau, construisez un petit **plancher de bois** pour isoler votre feu du sol. Sortez vos initiateurs de votre poche au dernier moment.

La difficulté consiste à créer une flamme dont la durée soit suffisamment longue pour que les brindilles s'enflamment. Si nous utilisons les initiateurs les plus inflammables (akènes de massette, pelures de bouleau…), la flamme ainsi créée est trop fugitive pour enflammer des brindilles. Il faut alors transmettre cette première flamme à un second initiateur (écorce de bouleau, autres akènes, herbe sèche, fougères…) dont la flamme plus puissante et durable enflammera sans difficulté les brindilles. Pour y arriver, il faut créer un nid avec le second initiateur (herbe sèche…), dans lequel on enfouira le premier initiateur (massette…). À condition de multiplier les étincelles, il est même possible d'utiliser directement les seconds initiateurs. Tout dépendra des initiateurs que vous trouverez en cours de randonnée.

Pour simplifier l'exposé qui va suivre, nous utiliserons ici de la massette en premier initiateur et de l'herbe sèche en second initiateur.

Prenez suffisamment d'herbes sèches pour construire un nid. Posez-le sur le plancher de bois. Enfouissez une poignée de massette dans le nid.

> Étape n° 2

Vous pouvez maintenant **créer une flamme**. Posez votre assemblage d'initiateurs sur le plancher de bois. Plantez votre pierre à feu dedans directement au contact du premier initiateur (massette, pelures…). Produisez des étincelles en prenant garde à ne pas bousculer votre initiateur. Une première flamme apparaît ! Puis le second initiateur (écorce de bouleau, herbe…) prend le relais et s'enflamme à son tour.

Akènes de clématites enfouis dans leur nid d'herbes sèches

> Étape n° 3

Présentez immédiatement vos brindilles **au-dessus des flammes** sans les poser, afin de ne pas éteindre votre feu encore fragile. Quand les brindilles auront pris feu, posez-les avec précaution sur votre feu.

> Étape n° 4

Faites grandir la flamme en augmentant peu à peu le diamètre du bois que vous installerez en **tipi bien aéré.** À chaque étape, placez le bois de diamètre supérieur sur le côté, au contact du feu, pour le sécher et le préchauffer. Pour éviter d'écraser votre feu naissant par des bûches trop lourdes, installez celles-ci de part et d'autre au contact de votre feu. Placez les bûches suivantes sur les premières, toujours au contact du feu.

En résumé, allumer un feu à partir d'une flamme, c'est :

• Étape 1 : **préparer** pierre à feu, premier et second initiateurs, brindilles et bois. Construire un plancher de bois. Assembler votre **nid** et le poser sur le plancher de bois.
• Étape 2 : **créer une flamme** à l'aide de la pierre à feu.
• Étape 3 : **présenter les brindilles au-dessus** de la première flamme, et les laisser s'enflammer avant de les poser.
• Étape 4 : faire grandir la flamme en installant progressivement le bois en **tipi bien aéré**.

Allumer un feu à partir d'une flamme demande une préparation sans faille et un déroulement sans oubli ni hésitation quant à l'ordre des étapes ci-dessus. Entraînez-vous !

LE FOYER

L'emplacement du foyer est celui de votre bivouac, car vous dormirez sous abri à proximité immédiate de votre feu pour profiter de sa chaleur, le surveiller et l'alimenter de temps en temps durant la nuit.

Il s'agit donc de trouver si possible un emplacement conforme à la législation en vigueur, plat, à proximité d'un point d'eau, à l'abri du vent, non situé dans une cuvette, sur lequel vous pourrez installer votre abri et son foyer.

Il est préférable de choisir l'emplacement de votre bivouac environ deux heures avant l'obscurité complète pour avoir le temps de vous installer en tout confort.

Il faut également prendre des précautions pour éviter que le feu ne se propage :

• Ne pas faire de feu en présence de vent supérieur à 20 km/h (branches agitées par le vent).

• Ne pas faire de feu à l'aplomb d'un arbre.

• La zone entourant le foyer doit être débroussaillée et ratissée sur au moins 5 m.

• Prévoir de quoi contrôler ou éteindre le feu à tout moment. Surveiller le feu en permanence.

Lorsque vous quitterez l'emplacement :

• Noyez les cendres de manière à éviter toute reprise de combustion.

• Assurez-vous de l'extinction complète du feu avant de partir.

LÉGISLATION FRANÇAISE

Les éléments de législation qui suivent sont donnés à titre indicatif. Il incombe au lecteur de se renseigner et d'appliquer de manière exhaustive la législation en vigueur là où il envisage de faire du feu.

Le Code rural (cf articles L. 322-1, L. 322-1-1, L. 322-9, L. 362-3 et R. 322-1) interdit à toutes personnes autres que les propriétaires de terrains, boisés ou non, d'allumer du feu sur ces terrains jusqu'à une distance de 200 m des bois, forêts, plantations, reboisements, landes, maquis et garrigues. Les préfets peuvent interdire, en cas de risques exceptionnels d'incendie et sur un périmètre donné, l'apport et l'usage de tout appareil (allumettes…) ou matériel (essence…) pouvant être à l'origine d'un départ de feu. Les préfets peuvent également rendre applicables ces dispositions aux propriétaires de terrains, défendre à toutes personnes d'y fumer, ainsi que sur les voies publiques les traversant. Sont punis d'un emprisonnement de 6 mois et/ou d'une amende de 3 750 € ceux qui ont causé un incendie des bois, forêts, landes… par des feux allumés à moins de **200 m** de ces terrains.

Il est donc indispensable de s'informer auprès des préfectures et mairies concernées.

Exception pour la Guyane : les feux réalisés à l'occasion d'un campement en forêt sont autorisés.

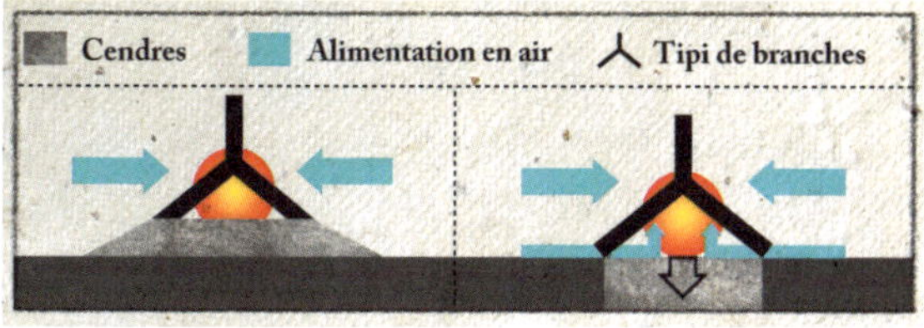

LE CENDRIER

Les cendres étouffent peu à peu le foyer en l'isolant de l'air ambiant. Il faut donc préserver l'alimentation en air du foyer en créant, en-dessous, un espace suffisamment grand pour évacuer les cendres qui vont tomber au fur et à mesure de la combustion.

> **Sans cendrier**

Après quelques heures, les cendres occupent l'espace sous le foyer et l'étouffent progressivement. Le foyer va mourir faute d'air, même s'il est chargé en combustible.

> **Avec cendrier**

Après quelques heures, le foyer est encore hors cendres, l'alimentation en air reste optimale.

On peut dégager un espace sous le foyer pour en recueillir les cendres soit en surélevant le foyer, soit en creusant en dessous. Or surélever le foyer à l'aide de rondins ou de pierres laisse une couche d'air froid au ras du sol. Vous aurez les pieds au froid... C'est pourquoi la solution la plus efficace consiste donc à avoir un foyer au ras du sol et à creuser le cendrier dessous. Si vous ne pouvez pas creuser un trou faute de temps, surélevez le foyer à l'aide de rondins ou de pierres.

LES PIERRES

Tout autour du foyer, installez des pierres. Elles vont protéger le foyer du vent et emmagasiner progressivement de la chaleur qui sera restituée lentement, après extinction du feu, grâce à leur inertie thermique. Et si vous glissez une ou deux de ces pierres chaudes (mais pas trop non plus !) dans vos chaussures, elles faciliteront leur séchage.

N'utilisez jamais de silex (ni aucune pierre pouvant contenir de l'eau), car cette pierre sédimentaire contient de l'eau qui la fait exploser quand elle est soumise à la chaleur, projetant violemment des éclats très tranchants à plusieurs mètres de distance. Utilisez plutôt des pierres magmatiques (basalte, granit…).

> Site archéologique de Menez Dregan, Plouhinec, France : présence de foyers équipés de pierres en cercle datant de 500 000 ans avant J.-C. environ.

LE RÉFLECTEUR

De l'autre côté du foyer par rapport à l'abri et à proximité immédiate du foyer, montez un petit mur de rondins. Ces rondins vont s'embraser et se consumer lentement. Tel un radiateur, le rayonnement des braises (600 °C) tiendra au chaud l'abri et son occupant jusqu'au matin. Sur la photo de la double-page suivante, le tronc d'arbre déjà calciné se révéla avoir été un excellent réflecteur.

La **naïda*** (« épouser » en finnois*) est une version nordique du réflecteur. Écoutons Ferdynand Ossendowski dans

Bêtes, Hommes et Dieux (Phébus, Paris, 2011) nous raconter sa découverte de la naïda lors de sa fuite de Krasnoïarsk (Sibérie), durant l'hiver 1920 : « *Puis Yvan choisit avec soin deux troncs d'arbre, dont il équarrit un côté à l'aide de sa hache. Il les disposa parallèlement, les deux faces taillées se regardant, puis les fixa ensemble à l'aide de deux gros coins enfoncés à chaque extrémité, qui les maintenaient séparés l'un de l'autre par une dizaine de centimètres. Dans la large fente ainsi obtenue, il plaça des charbons ardents ; immédiatement, le feu se mit à courir sur toute la longueur des troncs. "Maintenant, le feu va durer jusqu'au matin, me dit-il. Les prospecteurs appellent cela une naïda ; été comme hiver, lorsque nous errons dans les bois, nous nous couchons toujours auprès d'une naïda…"(…) enfin je m'étendis pour dormir sans aucune couverture, tant les branches de sapin et la naïda nous protégeaient confortablement du froid piquant qui régnait au-dehors. Après cette nuit-là,* ***plus jamais je n'eus peur du froid.*** »

L'ABRI

L'abri est constitué d'un plan (toile, couverture, branchages…) incliné à 45°, qui va réfléchir la chaleur du foyer vers les occupants qui s'y abritent. L'abri étant dos au vent, la fumée et les étincelles du foyer s'éloigneront de ses occupants.

Faites attention à ne pas choisir une matière facilement inflammable. J'utilise pour ma part une toile en polycoton.

Ne vous inquiétez pas, vous dormirez mieux sous abri, réchauffé par un petit feu, que sous tente sans feu ; et avec le plaisir en plus, même par temps de crachin !

Réflecteur

L'abri

La distance de sécurité idéale dépend de nombreux paramètres, il est donc impossible d'en indiquer une de référence. Sans jamais pouvoir écarter tous les risques (un feu reste un feu), la meilleure solution consiste à prendre les précautions d'usage et à surveiller le feu toute la nuit, en faisant des quarts.

Voici quelques-uns des paramètres à prendre en compte :

- Choisissez des matériaux (sac de couchage, veste, pantalon…) le moins inflammables possible ; pour ma part, j'utilise un sur-sac en **polycoton**.
- Faites un tout petit feu, bien abrité, avec un réflecteur à l'opposé ; vous serez étonné de son efficacité.
- Utilisez du bois dense (hêtre, chêne, charme, érable…), qui dure longtemps et fait des braises, plutôt que du bois à étincelles (châtaignier, résineux…) ou du bois léger (bouleau, épinette…), qui chauffe et dure peu.
- Creusez un trou pour votre cendrier, le bois aura tendance à tomber dedans plutôt que de rouler vers vous.

- Entourez votre foyer de pierres. Si vous bougez la nuit, mieux vaut toucher une pierre qu'une braise !

C'est affaire de bon sens, de responsabilité et d'expérience.

Fin novembre 2011, conscient de la nécessité d'apprendre le savoir-faire indispensable à la vie en forêt en autonomie, je suis parti quatre jours en forêt de Moncaup, dans les Pyrénées, avec mon fils, par une température de 5 °C environ lors d'un des stages de l'école de vie et survie en forêt de Jonathan Czodor Ichmoukametoff. Lors de ce stage, notre groupe, composé de huit personnes, avait passé sa première nuit dans une grande tente nordique. Plusieurs fois dans la nuit, le froid m'avait réveillé. Le lendemain, nous construisîmes une hutte « tchoum », petit abri végétal pour trois personnes utilisé comme abri pour la chasse en Sibérie, ayant la forme d'un tipi muni en son centre d'un petit feu et dont le toit est largement ouvert aux étoiles. À minuit, il tombait un petit crachin et nous allâmes nous coucher dans notre abri semi-ouvert. Le feu était allumé depuis deux heures. En entrant dans le tchoum, j'eus instantanément une étonnante sensation de chaleur. Je m'installai dans mon sac de couchage recouvert de son sursac en polycoton, près du feu réduit au minimum. Très vite, je m'endormis profondément. Contrairement à ce que je pensais, j'appris cette nuit à quel point un abri primitif de qualité pouvait être confortable !

5

CONCLUSION

LE FEU SACRÉ
L'INVITATION AU VOYAGE

Maintenant que vous savez allumer votre feu au bivouac avec une pierre à feu, vous disposez d'une clé. À vous d'acquérir les autres (apprendre à s'orienter – à l'aide d'une carte ou d'une boussole –, à franchir un obstacle, à filtrer et traiter l'eau, à reconnaître les plantes comestibles, à chasser, à pêcher, à fumer les aliments pour les conserver, à prendre soin de vous – en vous soignant au besoin) et vous pourrez quitter peu à peu les sentiers, de plus en plus loin et de plus en plus longtemps. Enfin autonome tout en restant en sécurité, vous pourrez vous éloigner de la civilisation et pénétrer dans le monde merveilleux et plein de plaisirs de la randonnée sauvage.

Vous ne regarderez plus la nature de la même manière : avant votre randonnée, vous repérerez sur votre itinéraire les zones favorables (bordure de forêt, étangs…) où chercher des initiateurs (bouleau, massette, amadou…) et installer votre bivouac (à proximité d'un point d'eau), quitte à prévoir des détours.

Dès le matin et tout au long de votre marche, vous observerez attentivement la nature pour repérer et cueillir initiateurs et brindilles en prévision du feu du soir. Lorsque le soleil déclinera, vous commencerez à regarder le paysage en y cherchant tranquillement le meilleur emplacement pour votre bivouac, en fonction de la présence d'un point d'eau, de la direction du vent, de la disposition des lieux…

Environ deux heures avant le coucher du soleil, vous ferez halte, monterez d'abord votre abri dos au vent, puis irez chercher de l'eau et du bois bien sec en quantité suffisante pour que votre feu tienne jusqu'au matin. Quand votre réserve sera faite, vous creuserez un trou à l'emplacement de votre foyer, juste devant votre abri. Vous l'entourerez de pierres. Vous le couvrirez d'un plancher de bois sec pour l'isoler du sol. Vous préparerez vos initiateurs et vos brindilles jusqu'aux plus gros morceaux. Le soleil se couchera, ce sera le crépuscule et le cri de l'engoulevent.

Quand tout sera prêt, vous allumerez votre feu : d'abord quelques étincelles, puis une braise d'amadou, ou directement les flammes rapides de la massette de roseau ou de l'écorce de bouleau. Enfin, les brindilles et le bois plus gros. Alors, vous mettrez de l'eau et votre repas à chauffer, puis vos affaires à sécher. Les flammes de votre feu repousseront la nuit noire quelques mètres au-delà du foyer. Un peu plus tard, vous dînerez d'un repas chaud et d'une boisson chaude. Sous un ciel étoilé ou couvert, par nuit noire ou clair de lune, vous passerez une veillée autour du feu. Après avoir mis un peu de gros bois sur les braises, ce sera le moment d'aller vous reposer. Vous vous installerez sous l'abri, l'un de vous prendra le quart pour surveiller le feu et vous vous endormirez bien au chaud en écoutant le feu et les bruits de la nuit : hululement de la chouette, passages d'animaux, feuilles écrasées, vent dans les branches qui s'entrechoquent et grincent...

Plus qu'un descriptif technique, ce petit livre est une invitation au voyage. Un voyage dans le temps bien sûr, sur les traces de notre ami Homo Erectus, mais surtout un voyage dans un autre monde. Un monde bien différent de celui d'aujourd'hui : sauvage, magnifique et mystérieux, où la nature a repris toute sa place.

« Il aimait surtout son campement à la tombée du jour : une aire de neige battue où brûlait son feu ; son lit, fait de deux couvertures de peaux de lièvre, étalées sur des ramilles de sapin fraîchement coupées ; son abri, une simple pièce de toile tendue de façon à capter et à réfléchir la chaleur du foyer; la cafetière noircie et le seau posés sur une bûche, les mocassins piqués sur des bâtons pour sécher, les raquettes plantées dans la neige ; de l'autre côté du foyer, les chiens-loups se blottissant vers la chaleur, leurs fourrures givrées, leurs queues touffues rabattues sur leurs pattes ; et, de toutes parts, une muraille d'obscurité envahissante. »

Jack London, *Smoke Bellew*, Phébus, Paris, 2006.

Vosges GR5 – Le feu sacré

6

L'ÉQUIPEMENT

POUR LA CUEILLETTE

Une piqûre, une éraflure ou une coupure ne sont en général pas graves en soi, mais la peau abîmée laisse passer les germes qui peuvent provoquer une infection, et éventuellement le tétanos (maladie mortelle contre laquelle vous devez être vacciné). **Se protéger** est nécessaire. De bonnes chaussures de randonnée montantes imper-respirantes, un pantalon résistant et une solide veste à manches longues, des gants en cuir protégeront vos chevilles, vos jambes, votre torse, vos bras et vos mains quand vous écarterez les éventuelles branches et ronces de votre chemin.

Le cuir est résistant aux déchirures, au frottement, au déchirement, à l'abrasion (d'où son utilisation par les motards, entre autres) et à la perforation. Les gants en cuir s'étirent et se moulent à votre main, tout en gardant leur forme propre, ce qui préserve votre dextérité. Dans la mesure du possible, évitez de les prêter pour ne pas les déformer. Le cuir respire, c'est ce qui le conserve doux et souple. Il protège de la chaleur, du froid, du vent et il a un effet repoussoir sur l'humidité. **Les gants en cuir** sont donc tout à fait adaptés à notre besoin : protéger les mains tout en gardant un maximum d'agilité, lors de la cueillette des initiateurs. Il vous faudra prendre l'habitude de les porter systématiquement.

Les gants, le couteau et les poches destinées aux initiateurs et aux brindilles doivent être accessibles sans que vous ayez à poser votre sac à dos. Si vous êtes fatigué, l'effort de poser, puis de remettre votre sac à dos peut vous faire renoncer à ramasser vos initiateurs. Par ailleurs, une fois le lieu du campement trouvé et le sac à dos posé à terre, vous devez conserver sur vous le nécessaire (gants, couteau, initiateurs et brindilles) pour allumer votre feu. Aussi, préférez les **grandes poches de votre veste et pantalon** à celles de votre sac à dos, même accessibles.

Sachant que le poids de votre sac à dos limitera naturellement le nombre de cartes emportées, tout va dépendre de la distance à parcourir. Les cartes au 1:25 000ᵉ (1 cm = 250 m) seront toujours un bon choix, à moins de parcourir une distance considérable. Elles regorgent de détails (bois et forêts, sources, plans d'eau, type de végétation...) facilitant la recherche des initiateurs. Une carte couvre environ une zone de 13 km sur 20 km, soit une journée de marche tranquille, ce qui convient parfaitement à notre besoin. Pour une randonnée de trois semaines, il vous en faudra une vingtaine, soit environ 1,5 kg de cartes (80 g la carte) à se répartir entre randonneurs.

Complément indispensable à la carte, la boussole doit être opérationnelle de nuit.

La carte et la boussole sont utiles principalement en cours de marche. Par conséquent, à condition qu'elles soient accessibles sans avoir à poser à terre votre sac à dos, préférez ses poches et ses sangles pour les y ranger, vous serez sûr de ne pas les oublier au moment du départ.

Pour chercher vos initiateurs, il faut donc vous équiper :

• de bonnes **chaussures** de randonnée **montantes**,

- d'un **pantalon solide** équipé d'au moins deux **grandes poches,**
- d'une **veste solide à manches longues** équipée d'au moins quatre **grandes poches**,
- d'un **solide couteau** à lame fixe et bien aiguisée,
- de **gants en cuir**,
- de la **carte du jour**,
- d'une **boussole**.

POUR ALLUMER LE FEU

Posé tout contre le foyer, un récipient (bouilloire, quart...) va très vite devenir beaucoup trop chaud pour que vous puissiez le reprendre à main nue sans vous brûler. Une brûlure simple (rougeur, quelques cloques peu étendues) n'est en général pas grave en soi, mais la peau abîmée laisse passer les germes qui peuvent provoquer une infection. Nous avons vu que le cuir protège de la chaleur tout en préservant votre dextérité. **Les gants en cuir** protégeront vos mains quand vous manipulerez des ustensiles à proximité immédiate du feu. Il vous faudra prendre l'habitude de les enfiler systématiquement.

Votre **pierre à feu avec percuteur, lame en silex, grattoir ou couteau** doit être facilement accessible au campement lorsque vous aurez posé votre sac à dos. Précieuse, de très faible volume et difficilement remplaçable, elle sera idéalement placée si vous la portez autour du cou.

Une **petite bougie** destinée à prendre le relais de votre premier initiateur quand la transmission de la flamme aux brindilles est rendue fastidieuse par des conditions difficiles (vent fort, pluie...) est très utile. Vous la rangerez sur vous.

Les **initiateurs** dont nous avons parlé peuvent tous être trouvés dans la nature, ce qui confère une grande autonomie. On peut néanmoins imaginer, à cause de conditions très défavorables (météo, altitude, saison…), que votre stock soit épuisé et que vous n'ayez pas trouvé d'initiateurs en cours de chemin. Emportez avec vous quelques **initiateurs synthétiques de secours** (cotons imbibés de gel hydroalcoolique…). De même, les conditions météorologiques (l'humidité notamment) peuvent rendre inopérante votre pierre à feu. Emportez avec vous quelques allumettes étanches, ainsi qu'un grattoir. Mettez le tout dans un petit tube étanche que vous rangerez dans une des poches de votre veste.

En résumé, pour allumer votre feu, vous aurez besoin :

- de vos **gants en cuir,**
- **d'une pierre à feu avec percuteur, lame en silex, grattoir ou couteau,**
- des **initiateurs et brindilles** que vous aurez trouvés en cours de route,
- et, en secours, d'une **petite bougie** et **d'initiateurs synthétiques.**

POUR SOIGNER LES BRÛLURES

Mieux vaut prévenir que guérir, mais, la fatigue aidant, il arrive que la vigilance baisse. On ne met plus ses gants pour attraper les anses de son quart qui chauffe sur la braise, on installe la bouilloire en équilibre instable, on recule sans être conscient du feu derrière soi… Un mot (« Stop ! ») peut encore éviter l'accident si chacun fait attention à l'autre. Là encore, c'est une habitude à prendre, indispensable. Néanmoins, cela peut ne pas suffire et l'accident arrive : quelqu'un se brûle. Que faire alors ?

Avant votre randonnée, préparez-vous : prenez conseil auprès de votre médecin ou de votre pharmacien, et suivez scrupuleusement leurs instructions. Équipez votre pharmacie personnelle en conséquence. Pour ma part, j'emporte dans une trousse de secours étanche :

- un petit flacon de gel hydroalcoolique,
- quelques compresses stériles,
- quelques doses de désinfectant sans alcool (chlorhexidine...),
- quelques doses de sérum physiologique,
- un gel de traitement des brûlures (Osmo Soft Brûlures®, Biafine®...),
- quelques pansements stériles,
- une petite paire de ciseaux.

Apprenez également les symptômes permettant de reconnaître la gravité des brûlures (1er, 2e et 3e degré), ainsi que les premiers gestes de secours. Par ailleurs, l'idéal est qu'au moins un des randonneurs ait son brevet de secourisme.

Il est souvent recommandé de plonger immédiatement la plaie sous l'eau tiède pendant 15 minutes pour éviter l'extension de la brûlure. C'est une raison de plus pour installer votre bivouac à proximité d'un point d'eau. Pensez-y le moment venu !

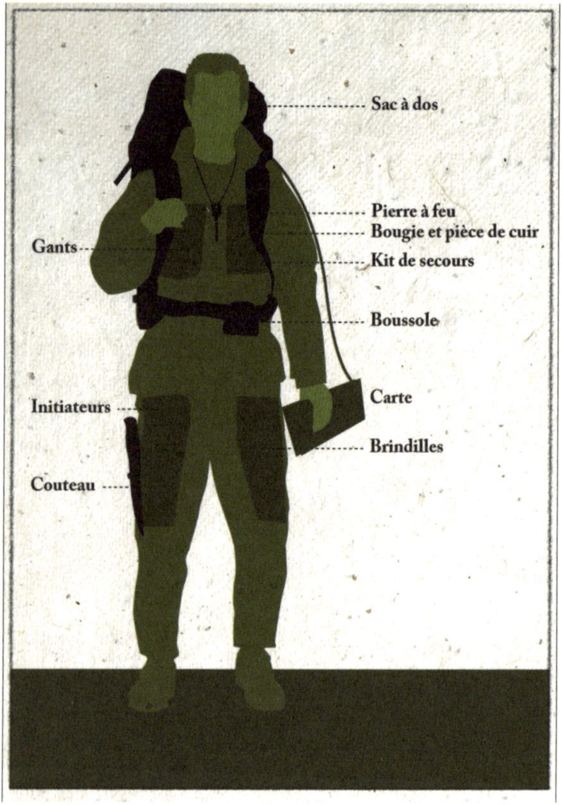

L'équipement

L'HERBIER

Dans l'herbier qui suit, nous nous sommes attachés à mettre en avant les caractéristiques visuelles qui vous permettront d'identifier les végétaux au cours de vos randonnées sauvages. Lors de la préparation de la randonnée, il s'agira d'identifier les espèces indigènes probables et les zones potentiellement favorables. Certains végétaux présentent de l'intérêt en toutes saisons, d'autres seulement à certaines périodes de l'année. Dans ce cas, nous nous sommes focalisés sur les caractéristiques de ces végétaux lors de saisons particulières.

Allez sur le terrain. Au début, vous trouverez peut-être cette recherche difficile. Mais, en vous entraînant, vous constaterez que, sans y penser, tout à coup, comme par réflexe, vous tournerez la tête directement vers tel ou tel végétal que vous recherchez. Ce sont votre mémoire visuelle et votre vision périphérique* qui entreront alors en action. En ce sens, votre regard sur le paysage traversé sera dorénavant différent.

LE HÊTRE COMMUN *(Fagus sylvatica)*

Arbre à feuille caduque*, le hêtre commun est une espèce forestière importante typique d'un **climat tempéré humide** qui existe depuis la fin du Miocène (-5,3 millions d'années). C'est une espèce indigène de l'Europe.

Peu difficile quant à la nature du sol, le hêtre commun s'implante de préférence sur des **sols humides** et nutritifs, mais ne craint pas les terrains sablonneux ou calcaires. Il a besoin d'un **climat humide, frais en été,** avec des précipitations régulières et des brouillards fréquents. Il redoute l'ensoleillement excessif. Il est rustique et supporte le froid jusqu'à -30 °C. Il pousse en plaine dans la moitié nord de la France et en montagne dans la moitié sud jusqu'à 1 500 m d'altitude. Il peut vivre 300 à 400 ans.

Son **tronc** est haut, droit, cylindrique et peut culminer à 40 m de haut. Le tour de tronc des arbres multicentenaires peut atteindre 6 m. Sa base est cannelée*. Son écorce est gris argenté et souvent très lisse, même chez les sujets âgés.

Ses **rameaux** sont fins, gris et en zigzag. Ses **bourgeons** gris ou cuivrés sont allongés, fuselés, pointus, nettement écartés du rameau et comportent de nombreuses écailles. Ses **feuilles** caduques et ovales peuvent atteindre 10 cm. Les branches basses conservent souvent leurs feuilles (marron) en hiver sur une longueur de 3 m, jusqu'à ce que les jeunes feuilles (vert tendre) les fassent tomber.

Le hêtre commence à donner des **fruits** à partir d'une soixantaine d'années environ. Ces derniers, appelés **faines**, ressemblent à de minuscules châtaignes triangulaires. Ils sont enfermés par deux, trois ou quatre dans des cupules* épineuses à quatre valves. Riches en lipides et en glucides, ils sont comestibles crus ou cuits et sont excellents grillés. Les faines sont très appréciées des animaux de la forêt (écureuils, sangliers, pics, geais…).

Le bois dur et résistant du hêtre est utilisé pour la fabrication d'escaliers, de parquets, de meubles, de tonneaux, de manches d'outils, de charbon de bois, de goudron… Son fort pouvoir calorifique et sa très lente combustion en font un excellent bois de chauffage.

Le hêtre est reconnaissable – surtout en hiver – d'abord à la couleur de son écorce et à la forme de son tronc, puis à ses rameaux, ses bourgeons et ses feuilles s'il en a, et enfin à son fruit qu'on trouve facilement à terre au pied de l'arbre. Avec un peu d'habitude, il est facile de reconnaître le hêtre à distance, le reste n'est que confirmation.

La feuille du hêtre

Le fruit du hêtre : la faine

LE POLYPORE AMADOUVIER *(Fomes fomentarius)*

Le polypore amadouvier *fomes fomentarius* (du latin *fomes* = qui prend facilement feu, *fomentarius* = qui alimente le feu, *fomes fomentarius* = qui prend facilement feu et l'alimente) est un **champignon parasite** d'un grand nombre de **feuillus**. On le trouve principalement sur le hêtre, mais aussi sur le frêne, l'orme, le noyer, le marronnier…

Dépourvu de pied, il est très solidement fixé sur le côté de son chapeau* à son hôte, dont il détruit les tissus. Il a grossièrement l'aspect d'un sabot de cheval, large de 5 à 50 cm, épais de 20 cm environ et il peut peser jusqu'à 2 kg.

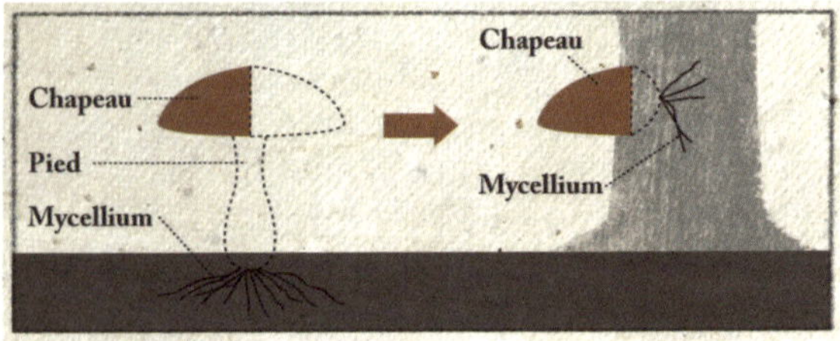

Fomes fomentarius

Son chapeau est toujours orienté vers le ciel et, même après la chute de l'arbre, il continue à pousser en se réorientant vers le ciel.

Sa surface supérieure est lisse, très dure et très coriace, de couleur **gris cendré** lorsqu'il est jeune, puis **marron fauve**. Sa marge* est légèrement ourlée. Sa surface inférieure est d'un **blanc très pur**. Sa chair n'est pas consommable.

Il s'installe de préférence sur la partie haute du tronc des arbres morts ou affaiblis sur pied ou abattus, à la faveur d'une blessure provoquée par la rupture de branches, le gel, l'action des rongeurs, d'insectes foreurs... Il peut vivre de nombreuses années et conduit à la mort de son hôte.

Comme ses hôtes porteurs, on le trouve en **zone tempérée*** (entre 30 et 50° de latitude Nord et Sud) : Europe centrale, Amérique du Sud et du Nord, Orient, jusqu'à **1 700 m** d'altitude et jusqu'à **-35 °C** selon le porteur. Il est très commun, très facile à identifier et visible toute l'année. Vous en trouverez en toute saison. Vous pouvez le stocker et le transporter facilement.

On peut confondre le polypore amadouvier avec le polypore marginé *(Fomitopsis pinicola)*, qui s'installe de préférence sur les conifères. Aussi, quand vous serez en quête de polypore amadouvier, cherchez les feuillus susceptibles de le porter, en particulier **le hêtre**. Et quand vous aurez identifié un arbre porteur, regardez sur la face nord du tronc.

Pour ma part, je le récolte en le décollant à grands coups de talon. Autant dire qu'il est difficile à récupérer s'il pousse en hauteur. En revanche, il est judicieux de mémoriser les arbres sur lesquels on en a trouvé, car il y repoussera probablement de nouveaux polypores amadouviers dès l'été suivant.

LES BOULEAUX (famille des bétulacées)

Le bouleau est une espèce forestière importante typique d'un **climat tempéré et arctique**. Selon l'espèce, on le trouve aussi bien en plaine qu'en altitude (Alpes, Himalaya...), de l'Europe jusqu'aux confins de la Sibérie et de l'Asie, ainsi qu'en Amérique du Nord, au Groenland, en Islande... Peu difficile quant à la nature du sol, mais exigeant **en lumière et en humidité** et aimant les espaces dégagés, il pousse souvent **en bordure des forêts**, des lacs, des routes et des ruisseaux. Très rustique, il supporte le froid jusqu'à -30, -40 °C.

Le bouleau est facile à reconnaître à son feuillage léger, jaune d'or en automne, et à son **écorce lisse, annulaire et généralement blanche**, mais qui peut être rose blanchâtre pour l'espèce japonaise à rouge orangé pour l'espèce chinoise. Les bouleaux perdent régulièrement leur écorce sous forme de lambeaux pendant les périodes de croissance. L'écorce de bouleau contient une huile inflammable imputrescible, la bétuline, qui est responsable de sa couleur blanche.

Les utilisations du bouleau sont considérables : son écorce est utilisée pour la fabrication de canoë, de couvertures de toit, de récipients, du brai (colle résineuse) de bouleau, comme initiateur de feu... Son bois tendre sert à la fabrication de meubles, papier, patins de traîneau, sabots, cuillères, balais... Sa sève et ses feuilles ont des utilisations tant alimentaires que médicinales.

> Ötzi portait sur lui deux récipients cylindriques en écorce de bouleau et des flèches dont les pointes en silex étaient collées avec du brai de bouleau.

LE NOISETIER COMMUN *(Corylus Avellana L.)*

Arbrisseau* à feuilles caduques de la famille des bétulacées, le noisetier commun, ou coudrier, est typique du climat tempéré de l'hémisphère nord depuis l'ère secondaire (- 70 millions d'années). Il est **très abondant en Europe, en Asie mineure et dans le nord de l'Afrique.** Appréciant la **lumière,** on le trouve partout en plaine dans les forêts de feuillus claires et en bordure des forêts, en taillis ou isolé, sauf en sol pauvre ou détrempé. Limité aux régions montagneuses dans le sud de l'Europe, mais ne craignant pas le gel, il pousse jusqu'à 1 700 m.

Le noisetier est reconnaissable à son fruit, la noisette, mais surtout aux **nombreux rejets qui partent de la base du tronc** et à ses feuilles dentelées et presque rondes. Il peut atteindre 15 m et peut vivre 100 ans.

La noisette est bien sûr utilisée pour l'alimentation. Quant au bois du noisetier, on utilise ses rameaux droits et flexibles pour la vannerie et les clôtures, mais aussi, depuis les Celtes, pour la fabrication des baguettes de sourcier et, dit-on, les balais de sorcière !

Feuilles et chatons du noisetier

LES MASSETTES (famille des typhacées)

Encore appelées quenouilles, ce sont de grandes **herbes aquatiques** de 1 à 3 m, vivaces* et à feuilles en touffe, étroites et très allongées. Elles vivent en colonie dans les **zones humides exposées au soleil** : en bordure des cours d'eau, fossés, marais, marécages, étangs... Elles peuvent être immergées jusqu'à 20 cm. Elles sont très communes dans les **zones tempérées et tropicales** des deux hémisphères. On les trouve en Europe, en Asie... L'espèce la plus répandue est *Typha latifolia.*

Rustiques, les massettes résistent au froid jusqu'à -20 °C. Elles sont présentes jusqu'à 1 800 m d'altitude.

La massette fleurit de juillet à septembre et l'on peut trouver son fruit jusqu'à la fin de l'hiver. L'épi femelle, encore appelé « massette » ou « quenouille », a la forme d'un grand **cigare** compact. Les fibres de l'épi femelle sont similaires aux fibres de kapok. D'abord vert, puis brun foncé et pouvant atteindre 15 cm de long pour 2 cm de diamètre selon l'espèce, le fruit peut contenir plusieurs centaines de milliers de minuscules graines plumeuses.

La massette est encore utilisée dans l'alimentation (rhizomes, tiges), la fabrication des clôtures (tiges) et la vannerie (feuilles).

 Comment allumer un feu avec une pierre à feu

LES OMBELLIFÈRES (famille des apiacées)

La famille des ombellifères existe depuis plus de 70 millions d'années et rassemble plus de 3 500 espèces. Celles qui nous intéressent sont des plantes herbacées, souvent aromatiques, dont les plus connues sont : la carotte, le céleri, le fenouil, le persil, l'aneth, le cumin, la coriandre, l'anis, l'angélique, le panais, la ciguë, le cerfeuil... Annuelles*, bisannuelles ou vivaces, on les trouve **sur tous les continents** en zone froide, tempérée, méditerranéenne, en zone tropicale (quoique rarement) et quasiment dans tous les milieux (en eau libre ou en terrain sec, en plaine ou en altitude, en milieu salin, en forêt...).

La tige des ombellifères est dressée, rigide et souvent creuse ou à moelle. Les tiges de la grande férule peuvent atteindre 2 à 3 m de haut et auraient autrefois été utilisées pour transporter le feu, car leur moelle se consume lentement sans que l'écorce ne brûle.

Petites et blanches, les fleurs des ombellifères sont regroupées sur des **ombelles** ou ombellules, petites calottes sphériques à la surface desquelles se trouvent les fleurs. Les ombellules d'une même tige sont à leur tour organisées en ombelle. Pour visualiser l'allure des fleurs des ombellifères, pensez aux fleurs de la **carotte sauvage.**

À maturité, lorsque le fruit est sec, il se décompose en deux éléments, chacun contenant une seule graine. La dissémination des fruits se fait de différentes manières selon l'espèce. Recherchez celles dont les **fruits secs, très légers** et pourvus d'ailes, sont dispersés par le vent, car ce sont de très bons initiateurs.

LES ÉPILOBES HERBACÉES (famille des onagracées)

Très commune en Europe, l'épilobe en épi *(Epilobium angustifolium L.)* est une plante herbacée vivace de 0,5 à 1,5 m de hauteur, à tige dressée et creuse, aux grandes fleurs magenta en longues grappes. Espèce pionnière ayant besoin de **fraîcheur** et de beaucoup de **lumière**, elle pousse en colonie dense dans tous les **terrains dégagés** (clairières, lisières, talus, ravins humides, bord des chemins...). On trouve cette espèce dans toutes les **zones tempérées de l'hémisphère nord**.

Rustique, elle ne craint pas le froid. Elle est présente jusqu'à 2 500 m d'altitude.

L'épilobe fleurit de juin à septembre et l'on peut trouver son fruit jusqu'à la fin de l'hiver. Celui-ci est une capsule rouge-brun. Très longue et étroite, pleine de poils plumeux auxquels sont attachées les graines, la capsule peut contenir 300 à 400 graines, soit 80 000 par plante. Lorsque la capsule s'ouvre à l'automne, les graines – chacune équipée d'un poil soyeux qui fait parachute – sont emportées loin par le vent (dissémination anémochore*).

Les jeunes pousses de l'épilobe sont excellentes en légumes. Dans les pays slaves, on utilise les feuilles pour en faire des infusions.

Beaucoup d'autres épilobes présentent le même type de fruits duveteux en parachute que le vent emporte loin à l'automne : l'épilobe à petites fleurs, l'épilobe hirsute, l'épilobe alpestre, l'épilobe à feuilles de romarin, l'épilobe lancéolée, l'épilobe des montagnes, l'épilobe foncée, l'épilobe des marais...

LE ROSEAU COMMUN *(Phragmites Australis)*

Le roseau commun fait partie de la famille des graminées. C'est une grande plante vivace à feuilles caduques et longue tige persistante, cylindrique, creuse, rigide, dressée, fine, ornée d'un plumeau argenté et pouvant dépasser 3 m. C'est une plante robuste, envahissante, formant des colonies denses très étendues (roselières) et parfois flottantes, qui poussent dans les **sols humides** argileux, tourbeux ou vaseux. Le roseau commun doit avoir sa **racine dans l'eau**, ne supporte pas le sel mais tolère l'eau saumâtre. Il a besoin de lumière. On le trouve dans les marais, étangs, lacs, au bord des eaux douces ou saumâtres (estuaires, marais salants...), fossés et bois humides des **zones tempérées et tropicales** de tous les continents. Pouvant atteindre 1 km^2 grâce à ses rhizomes, des îles flottantes se créent quand les colonies de roseaux s'étendent et que, l'eau devenant plus profonde, les racines n'atteignent plus le fond. Les tempêtes déchirent des portions entières de ces vastes roselières et les îles ainsi formées migrent au gré des vents.

Rustique, le roseau commun résiste au froid jusqu'à -15 ° C. Il est présent jusqu'à 2 200 m d'altitude.

Il fleurit d'août à novembre et l'on peut trouver son fruit jusqu'à la fin de l'hiver. La disposition des fleurs sur la tige prend la forme de **panicules** (grappe de grappes sur un axe simple) **légèrement pendantes de 10 à 30 cm**. Chaque grappe est constituée de nombreux petits épis généralement brun-violet virant au jaune pâle sans arête. Chaque épi porte 2 à 10 fleurs équipées de longs poils soyeux et argentés. Les fleurs se transforment en fruits pourvus de poils soyeux blancs. Les graines, de couleur paille doré à brun, équipées de longs **poils soyeux blancs qui font parachute**, sont emportées au loin par le vent (dissémination anémochore).

Depuis bien longtemps, les tiges du roseau commun sont utilisées pour le chaume des toitures, la litière des animaux, la fabrication de palissades, la vannerie... Les inflorescences étaient autrefois utilisées pour faire de petits balais. Les rhizomes, les jeunes pousses tendres, la tige sucrée du roseau commun étaient aussi employés dans l'alimentation. La propriété du roseau commun de faciliter la destruction des matières organiques en favorisant l'activité bactérienne explique qu'il soit actuellement largement utilisé dans les stations d'épuration (phytoépuration) des eaux usées.

LES LIANES DE LA FAMILLE DES CLÉMATITES

(par exemple, *Clematis Vitalba L.*)

Les lianes sont des plantes vivaces, pionnières et à tige ligneuse couverte d'une écorce grise se détachant en fines lanières allongées irrégulières. Comme elles ont besoin de beaucoup de **lumière**, on les trouve **en lisière** et dans les grandes trouées. Elles grimpent sur les arbrisseaux et les arbres jusqu'à plus de 20 m, pouvant former de véritables tapis recouvrant la végétation. Elles se servent des autres plantes comme support (on dit qu'elles sont « épiphytes »), mais ce ne sont pas des plantes parasites : elles protègent leur hôte de la déshydratation et certaines apportent des oligo-éléments.

Rustiques, les lianes résistent au froid jusqu'à -15 °C. Elles sont présentes jusqu'à 2 000 m d'altitude.

On les trouve dans les forêts tropicales **humides** et quelques-unes (glycine, lierre, vigne, houblon, chèvrefeuille, clématite...) en climat tempéré, dont la *Clematis Vitalba L.* (famille des clématites) qui pousse dans les bois d'Europe et que nous allons décrire.

Les fleurs de *Clematis Vitalba L.* sont blanc-verdâtre et odorantes. La floraison a lieu de juin à août. Les nombreuses graines sont chacune équipées d'une longue arête **plumeuse** persistant souvent jusqu'au printemps, qui fait parachute (dissémination anémochore) et qui donne aux fruits l'aspect de **flocons duveteux**.

Certaines lianes servent à la fabrication de cordes utilisées dans la construction de hamacs et de ponts suspendus. Un des rites initiatiques des Saa dans les îles Vanuatu consiste à sauter de 25 m, la tête la première, en se freinant à l'aide d'une simple liane.

Le curare est une substance extraite de certaines lianes d'Amazonie, il provoque une paralysie des muscles. On extrait une substance hallucinogène d'autres lianes. En Europe, le bois de la clématite était fumé, on l'appelait aussi « bois fumant ».

LA CANNE DE PROVENCE (*Arundo Donax L.)*

La canne de Provence fait partie de la famille des graminées. C'est une grande plante vivace aux feuilles effilées glauques qui se dessèchent en hiver. Longue, persistante, cylindrique, creuse, rigide, dressée et pouvant atteindre 6 m, sa tige ressemble à celle d'un bambou. Elle se termine par un long plumeau persistant vert clair à violet. C'est une plante robuste, envahissante, formant des colonies denses très étendues (roselières), qui poussent dans les **sols frais, humides et sablonneux,** mais qui ne supporte pas d'avoir sa racine dans l'eau. Elle a besoin de **lumière.** On la trouve en bordure des marais, étangs, lacs, fossés… des **régions méditerranéennes** dont elle est originaire, mais elle s'est acclimatée à tous les continents. Semi-rustique, la canne de Provence résiste au froid jusqu'à -10 °C. Elle est présente jusqu'à 900 m d'altitude.

Elle fleurit de septembre à octobre et l'on peut trouver son fruit jusqu'à la fin de l'hiver. La disposition des fleurs sur la tige prend la forme de **panicules** (grappe de grappes sur un axe simple) **légèrement pendantes, pouvant atteindre 60 cm.** Chaque grappe est constituée de nombreux petits épis, chacun portant des fleurs. Celles-ci se transforment en graines, de couleur paille, **équipées de poils soyeux blancs qui font parachute**, et qui sont emportées au loin par le vent (dissémination anémochore).

Depuis bien longtemps, la canne de Provence est utilisée pour couvrir les toits de chaume, pour faire des haies brise-vent, etc. Ses tiges servent pour la fabrication de paniers, de cannes à pêche et d'exceptionnelles anches pour les instruments de musique (clarinette, saxophone…) qui ont fait sa réputation mondiale.

L'ARBRE AUX PAPILLONS (*Buddleia davidii*)

L'arbre aux papillons a été découvert dans les montagnes du centre de la Chine par le père David, missionnaire français, naturaliste et zoologiste de talent. Il est ainsi appelé, car ses fleurs, très parfumées, attirent les papillons qui se nourrissent de leur pollen et de leur nectar. Cet arbuste vivace, à feuilles caduques peut atteindre 5 m de haut. Il fleurit de juillet à août. Ses fleurs composées de panicules (grappes de grappes) denses et légèrement pendantes, sont de couleur lilas pâle à violet et mesurent de 10 à 75 cm de long. Toxiques, ses feuilles le protègent des animaux herbivores. Le fruit est une capsule (fruit sec) de 5 à 9 mm. Sa durée de vie est d'une quarantaine d'années.

C'est une plante pionnière robuste et envahissante, formant des colonies, et qui poussent dans les sols drainés, pauvres et **ensoleillés.** On la trouve en bordure des routes, canaux, rivières ou voies ferrées, sur les friches, les talus des **régions tempérées.**

Très rustique, l'arbre aux papillons résiste au froid jusqu'à -25 °C. Il est présent jusqu'à 3 000 m d'altitude.

Utilisé en Chine sous forme de décoction par la médecine traditionnelle pour soigner certaines des affections des yeux (yeux rouges…), de la peau (inflammation…) et de l'estomac (crampes…). Il est également possible d'utiliser ses fleurs, feuilles et tiges pour obtenir des colorants noirs ou verts.

BIBLIOGRAPHIE

ÉTYMOLOGIE

- Dubois (Jean), Mitterand (Henri), Dauzat (Albert), *Dictionnaire étymologique et historique du français*, Larousse, Paris, 2007.

GÉOLOGIE

- Carte géologique BRGM n° 5 Marquises.
- Carte géologique BRGM n° 42 Dieppe ouest.
- Carte géologique BRGM n° 57 Fécamp.
- Carte Marine SHOM n° 7323L Pas-de-Calais.
- L'annuaire des marées des côtes de France, SHOM (Service hydrographique et océanographique de la Marine).
- Foucault (Alain), *Guide du géologue amateur*, Dunod, Paris, 2007.

INITIATEURS

- Chaumeton (Hervé) (sous la direction de), *Les Champignons de France*, Solar, collection « Guide vert », Paris, 2010.
- Couplan (François), Styner (Eva), *Guide des plantes sauvages comestibles et toxiques,* Delachaux et Niestlé, Paris, 2009.
- Fitter (Richard), Fitter (Alastair), Farrer (Ann), *Guide des graminées, carex, joncs et fougères,* Delachaux et Niestlé, Paris, 2009.

• Godet (Jean-Denis), *Guide des écorces des arbres d'Europe*, Delachaux et Niestlé, Paris, 2012.
• Gonard (André), *Renonculacées de France*, Société botanique du Centre-Ouest.
• Johnson (Owen), More (David), *Guide Delachaux des arbres d'Europe*, Delachaux et Niestlé, Paris, 2009.
• Pirc (Helmut), *Arbres de A à Z*, Ulmer, Paris, 2006.
• Reduron (Jean-Pierre), *Ombellifères de France*, Société botanique du Centre-Ouest.

LÉGISLATION

• *Code Rural et de la pêche maritime, Code Forestier : commenté*, édition 2011, Dalloz, Paris.

PRÉHISTOIRE ET TECHNIQUES DU FEU

• Bois (Stéphane), *Le Briquet médiéval*, Émotion primitive, Fontaine (Isère), 2008.
• Boyer (Louis), *Feu et Flammes*, Belin, Paris, 2006.
• Carcano (Emmanuel), *Chauffage au bois*, Terre vivante, Mens (Isère), 2008.
• Collina-Girard (Jacques), *Le Feu avant les allumettes*, Maison des sciences de l'homme, Paris, 1998.
• Delluc (Gilles), *La Nutrition préhistorique*, Pilote 24, Périgueux, 1995.
• Lévi-Strauss (Claude), *Le Cru et le Cuit,* Plon, Paris, 2009.
• Louvière (Jean), *Le Tirage des cheminées à feu ouvert*, C. Massin, Paris, 1974.

- Parmentier (Jacky), *Faire du feu comme nos ancêtres*, Eyrolles, Paris, 2003.
- Picq (Pascal), *Au commencement était l'homme*, Odile Jacob, Paris, 2009.
- Roussel (Bertrand) et Boutié (Paul), *La Grande Aventure du feu*, Edisud, Aix-en-Provence, 2006 (épuisé).
- *Produire le feu de la préhistoire à nos jours*, colloque de Vallon Pont d'Arc : en hommage à Paul Boutié, Mémoires millénaires, Nice, 2011.

RANDONNÉE SAUVAGE

- IGN – Cartes au 1:25 000e.
- Genevoix (Maurice), *Tendre bestiaire*, Anne Carrière, Paris, 1999 (épuisé).
- Goguel d'Allondans (Thierry), *Rites de passage, rites d'initiation*, Presses de l'université de Laval, 2002.
- Gros (Frédéric), *Marcher, une philosophie*, Flammarion, Paris, 2011.
- Horn (Mike), *Latitude zéro*, Pocket, Paris, 2004.
- Krakauer (John), *Into the wild*, 10/18, Paris, 2008.
- Maniguet (Xavier), *Survivre*, Albin Michel, Paris, 2002.
- Nemet-Pier (Lyliane) et Devillers (Françoise), *Peur du noir, monstres et cauchemars*, Albin Michel, Paris, 2009.
- Onfray (Michel), *Théorie du voyage*, Le Livre de poche, Paris, 2007.
- Saint-Exupéry (Antoine de), *Terre des hommes*, Gallimard, collection « Folio », Paris, 2012.

TÉMOIGNAGES D'UN SAVOIR-FAIRE SUR LE FEU EN PLEINE NATURE

- Arseniev (Vladimir), *Dersou Ouzala*, Pygmalion, Paris, 2003.
- Carter (Forrest), *Petit Arbre*, Le Livre de Poche Jeunesse, Paris, 2009.
- Darwin (Charles), *Journal de bord du Voyage du Beagle (1831-1836)*, Honoré Champion éditeur, Paris, 2012.
- Mackenzie (Alexander), *Exploration du Grand Nord canadien*, La lanterne magique, Besançon, 2009.
- Ossendowski (Ferdynand), *Bêtes, Hommes et Dieux*, Phébus, collection « Libretto », Paris, 2011.
- Rawicz (Slavomir), *À marche forcée*, Phébus, collection « Libretto », Paris, 2011.
- Valli (Éric), *Rencontres hors du temps*, La Martinière, Paris, 2011.

ROMANS

- Huxley (Aldous), *Le Meilleur des mondes*, Pocket, Paris, 2002.
- London (Jack), *Construire un feu*, Phébus, collection « Libretto », Paris, 2007.
- London (Jack), *Le Dieu de ses pères* (la nouvelle « Là où bifurque la piste »), Phébus, collection « Libretto », Paris, 2009.
- London (Jack), *Le Fils du loup*, Phébus, collection « Libretto », Paris, 2000.
- London (Jack), *Smoke Bellew*, Phébus, collection « Libretto », Paris, 2006.

VIDÉOS

- *Jeremiah Johnson*, de Sydney Pollack, 1972.
- *La Guerre du feu*, de Jean-Jacques Annaud, 1981.
- *La Mystérieuse Histoire d'Ötzi, la momie des glaces*, National Geographic, 2009.
- *Les Chemins de la liberté*, de Peter Weir, 2010.
- *Seul au monde*, de Robert Zemeckis, 2000.

GLOSSAIRE

- **Agrégat :** mélange de minéraux séparables par des moyens mécaniques (choc…).

- **Akène :** fruit **sec** qui ne s'ouvre pas à maturité par son propre mécanisme, mais ultérieurement par l'intervention du germe, et dont la graine unique n'est pas soudée à son péricarpe (enveloppe). Les akènes des plantes anémochores (valérianacées, dipsacées, astéracées ou composées…) sont souvent surmontés d'une aigrette de poils, d'une plume, d'un parachute… secs et d'une extrême légèreté destinés à faciliter leur dispersion par le vent.

- **Anémochore (dissémination) :** mode de dissémination des plantes dont les graines possèdent des éléments (ailes, soies, poils plumeux...) imperméables, extrêmement légers et fins dont le rôle de parachute facilite leur dispersion par le vent. Autres modes de dissémination : zoochore (par les animaux, *via* les excréments pour la plupart des fruits à noyaux ou accroché au pelage comme pour la bardane), barochore (par la gravité pour le gland du chêne…), hydrochore (par l'eau, *via* les ruisseaux pour les graines du lotus).

- **Annuelle (plante) :** *Cf* « Vivace (plante) ».

- **Aquifère (pierre) :** roche perméable (l'eau peut y circuler librement) et suffisamment poreuse pour y stocker un fluide (l'eau principalement). Les roches poreuses peuvent être des réservoirs. Exemple : sable, craie, graviers, grès…

- **Arbre :** végétal ligneux à tronc unique dépassant **6 m** de hauteur.

- **Arbrisseau :** végétal ligneux **à troncs multiples.**

- **Arbuste :** végétal ligneux à tronc unique mesurant moins de **6 m** de hauteur.

- **Bivouac :** campement **temporaire** du coucher au lever du soleil pratiqué depuis des milliers d'années, en particulier par les peuples nomades.

- **BRGM :** bureau de recherches géologiques et minières. Établissement public spécialiste des applications des sciences de la Terre pour gérer les ressources et les risques du sol et du sous-sol.

- **Bushcraft :** littéralement, artisanat *(craft)* de la brousse *(bush)*. Compétences plus ou moins anciennes permettant de vivre en pleine nature : faire du feu, trouver de l'eau, identifier et se nourrir de plantes sauvages comestibles, traquer, chasser, pêcher, construire des abris, fabriquer des outils, des cordes… en se passant des outils modernes. Ces types de compétences ont été pratiqués par nos prédécesseurs et sont aujourd'hui encore en vigueur au sein des peuples premiers (Australie, Tasmanie, Philippines, Taïwan, Afrique du Sud, Botswana…) à travers le monde.

- **Caduque (arbre) :** arbre qui renouvelle ses feuilles tous les ans (la majorité des feuillus), par opposition aux arbres à feuilles persistantes (principalement les résineux).

- **Cannelée (base du tronc) :** base d'un tronc présentant des stries, des sillons.

- **Chapeau (champignon) :** partie supérieure du champignon.

- **Cran (géologie) :** appellation locale (par exemple, Cran d'Escalles) désignant une vallée actuellement sèche qui s'est creusée au Quaternaire pendant les glaciations lors de dégels superficiels, tandis qu'en profondeur le terrain restait gelé donc imperméable. Quand on regarde la falaise, dos à la mer, le cran se présente comme une entaille dans la falaise.

- **Cupule :** sorte de coupe qui entoure le fruit de certains végétaux (par exemple, le gland du chêne).

- **EVSF :** école de vie et survie en forêt (www.stagedesurvie-nature.com), créée en 2009 par Jonathan Czodor Ichmou-kametoff (dit John C.).

- **Feuillu :** les feuillus sont des arbres produisant des feuilles bien développées, par opposition aux conifères ou résineux dont la forme des feuilles est réduite à des aiguilles.

- **Finnois :** le finnois est une langue fennique de la famille des langues ouraliennes. Elle est parlée en Finlande, en Estonie, en Suède, en Norvège, en Laponie et dans le nord-ouest de la Russie. Le peuple finnois est une des peuplades qui ont progressivement occupé la Finlande au cours des millénaires. Leur origine remonterait au Néolithique.

- **Gélive (pierre) :** qui peut se fendre, se désagréger ou s'effriter par l'effet du gel. Une pierre poreuse ou micro-fissurée est gélive.

- **Hypothermie :** état dans lequel la température du corps ne permet plus d'assurer correctement les fonctions vitales (cerveau, cœur…). L'hypothermie peut résulter d'une **exposition prolongée au froid** (air extérieur, pluie, vent, immersion, absence d'activité physique…) sans pour autant que la température soit particulièrement basse, ni l'exposition très longue. On constate des cas d'hypothermie par des températures supérieures à 10 °C. L'hypothermie commence en dessous de 35 °C. Une hypothermie modérée (entre 35 et 34 °C) provoque perte de dextérité, perte de vigilance, perte de capacité cognitive, mais il suffit de seulement 15 minutes dans de l'eau à 0 °C pour que la mort survienne. Les frissons, les angelures font partie des symptômes d'un début d'hypothermie. Pour prévenir une hypothermie, il faut protéger les organes vitaux (cœur, cerveau...), éviter les fuites de calories **en protégeant les extrémités** (pieds, mains, oreilles), **bien s'alimenter et s'hydrater.** Veste, bonnet, gants, chaussures imper-respirantes, vêtements multi-couches sont impératifs. La couverture de survie et les **boissons chaudes** permettent de lutter contre les hypothermies modérées.

- **IGN :** institut national de l'information géographique et forestière. L'IGN a pour vocation de décrire, d'un point de vue géométrique et physique, la surface du territoire national et l'occupation de son sol, d'élaborer et de mettre à jour l'inventaire permanent des ressources forestières nationales. Il produit toutes les représentations appropriées des données ainsi rassemblées, les diffuse et les archive.

- **Initiateur :** point de départ.

- **Marge (champignon) :** bord supérieur du chapeau d'un champignon.

- **Mohs (échelle de) :** inventée en 1812 par le minéralogiste autrichien Friedrich Mohs afin de mesurer la **dureté** (résistance à la rayure) des minéraux. Elle est basée sur dix minéraux facilement disponibles et classés de 1 (le plus doux) à 10 (le plus dur). Sur cette échelle relative, chaque pierre raye les précédentes, mais est rayée par les suivantes.

Dureté Relative	Minéral	Action	Autres
10	**Diamant**	Rayé uniquement par un autre diamant	
9	**Corindon**	Rayé par un outil au carbure de silicium	
8	**Topaze**	Rayé par un outil au carbure de tungstène	
7	**Quartz**	Raye une vitre	Silex (7)
6	**Orthose**	Rayé par une lime, par le sable…	Pyrite(6,3)
5	**Apatite**	Rayé par un couteau	
4	**Fluorine**	Rayé facilement par un couteau	Fer (4-5)
3	**Calcite**	Rayé par une pièce de monnaie	
2	**Gypse**	Rayé par l'ongle	Or (2,5)
1	**Talc**	Friable sous l'ongle	

• **NFPA 704 :** système américain définissant l'**inflammabilité** (code rouge) des produits chimiques. Le tableau ci-dessous est donné à titre indicatif. Pour plus de détails, consulter la norme.

Risque	
4	Se vaporise rapidement à pression atmosphérique et température normales, ou se disperse facilement dans l'air et brûle facilement.
3	Liquide ou solide pouvant s'enflammer dans presque toutes les conditions de température.
2	Doit être modérément chauffé pour s'enflammer.
1	Doit être préchauffé pour s'enflammer.
0	Ne brûle pas.

• **Nomade :** se dit des sociétés **qui n'occupent pas en permanence le même lieu,** par opposition aux sociétés sédentaires. Homo Erectus était semi-nomade dans la mesure où son mode de vie « chasseur-cueilleur » nécessitait sa mobilité, mais dans un territoire précis et limité. Il se pliait aux rythmes saisonniers ou locaux des ressources végétales et animales exploitées : les jeunes pousses de l'ortie blanche (protéines), les feuilles de la consoude (cicatrisantes), de menthe (fer), etc. dans les zones humides au printemps ; les feuilles d'amaranthe, le cynorrhodon (vitamine C) en hiver; récolte des céréales sauvages en été, des fruits à l'automne, expéditions de chasse sur les routes migratoires des animaux (migration des rennes vers le sud à l'automne puis vers le nord au printemps, des saumons remontant les rivières au printemps...), regroupement d'animaux (brame du cerf à l'automne...), battues visant à rabattre les animaux (chevaux...) vers des lieux où ils peuvent être abattus, traques (du mammouth...), accès à l'eau, recherche de silex, trocs...

- **Opportunisme :** conduite qui consiste à tirer le meilleur parti des circonstances. L'opportuniste s'adapte à son environnement.

- **Parasite (champignon) :** champignon qui se développe au détriment d'autres organismes vivants.

- **P.E. :** le point d'éclair est la température la plus basse à laquelle un liquide dégage des vapeurs, qui, mélangées à l'air, sont inflammables sous l'effet d'une source d'énergie (étincelle ou flamme).

- **Réaction chimique :** une réaction chimique est la **transformation** d'un ou plusieurs matériaux chimiques en d'autres matériaux chimiques. La réaction chimique provoque le changement de la nature de la matière en cassant les molécules d'origine, libérant ainsi les atomes les constituant et les réassemblant autrement pour obtenir d'autres molécules.

- **Rameau :** petite branche d'arbre.

- **Vision périphérique :** l'œil est capable de capter des informations nettes dans un angle de 3°. C'est la vision « fovéale ». À partir de ce rond net et sur 207° environ à l'horizontal et 60° à la verticale, l'œil continue à capter des informations, mais avec une vision de plus en plus floue au fur et à mesure qu'il s'écarte du rond fovéal. C'est la vision « périphérique ». Or le cerveau est capable d'analyser ce qu'il voit dans sa vision périphérique, même si celle-ci est floue. Lorsque vous cherchez des initiateurs, votre cerveau possède déjà, dans sa **mémoire visuelle**, un certain nombre d'informations permettant de reconnaître à distance leur silhouette. Par exemple, la silhouette d'un hêtre est reconnaissable à son tronc haut, droit, cylindrique pouvant atteindre 40 m de haut, son écorce gris argenté et souvent très lisse. Pour trouver des hêtres dans un nouveau paysage, le cerveau a une idée de la manière d'y arriver : à l'aide de sa vision périphérique floue, il va scruter et analyser le nouveau paysage à la recherche des éléments permettant de reconnaître un hêtre à distance. Dès qu'il souhaite avoir une information plus précise pour confirmer ou non l'identification, il oriente automatiquement l'œil vers la zone concernée pour en extraire le contenu avec la netteté maximale.

- **Vivace (plante) :** se dit d'une plante qui vit plus de deux ans et fleurit en général chaque année, par opposition aux plantes annuelles qui accomplissent leur cycle de vie en un an et aux plantes bisannuelles qui accomplissent leur cycle de vie en deux ans.

- **Zone tempérée :** section de la surface de la Terre située entre le cercle arctique et le tropique du Cancer, ou entre le cercle antarctique et le tropique du Capricorne, caractérisée par un climat tempéré (c'est-à-dire par des températures douces et modérées, ni chaudes ni froides) et par de fortes variations de température au cours de l'année.

REMERCIEMENTS

- À Christophe, Guillaume et Frédérique, mes enfants.
- À Emmanuel Le Vallois qui m'a fait confiance.
- À Yvon qui m'a donné l'impulsion et qui fut mon plus patient lecteur !
- À John, instructeur Survie EVSF, « maître » dans l'art de faire du feu en conditions de survie.
- À Jean-Marie Nosal, amoureux du peuple dogon, qui a bien voulu témoigner de sa découverte des pierre à feu du Mali et m'en a rapporté une.
- À l'équipe « Initiation aux techniques primitives (feu et propulseur) » du musée archéologique de Nemours, pour sa compétence et la qualité de son accueil.
- À M. et Mme Carion, de Carion Minéraux, pour leur accueil et leur compétence en minéralogie.
- À Yves, mon frère, qui participa en Bourgogne et au Cap Blanc-Nez à la « chasse au trésor » malgré mes problèmes de GPS.
- À Armelle, ma sœur, ma conseillère psychologique.
- À Frédéric, mon ami fidèle et conseiller spirituel.
- À tous mes amis randonneurs (Corinne, Rémi, Julian…) qui m'ont suivi en randonnée et m'ont toujours fait confiance pour allumer le feu au bivouac le soir venu.
- À la joyeuse Tatanga qui m'a toujours fait confiance pour apporter du saucisson en randonnée.

Tatanga

TABLE DES MATIÈRES

Couverture/Mise en page : Laurent Rivelaygue

Imprimé en Espagne par Graficas Estella
Achevé d imprimé en Avril 2015
Dépôt légal : Juin 2013
ISBN 978-2-501-08695-0
4131199/02